W0330784

PICCOLA BIBLIOTECA ADELPHI

410

DELLO STESSO AUTORE:

L'arte di essere felici
L'arte di ottenere ragione
La filosofia delle università
Parerga e paralipomena
Scritti postumi
Sul mestiere dello scrittore e sullo stile

Arthur Schopenhauer

L'ARTE DI FARSI RISPETTARE

ESPOSTA IN 14 MASSIME

OVVERO

TRATTATO SULL'ONORE

A cura e con un saggio di Franco Volpi
Traduzione di Giovanni Gurisatti

ADELPHI EDIZIONI

Prima edizione: maggio 1998
Quarta edizione: gennaio 1999

© 1998 ADELPHI EDIZIONI S.P.A. MILANO

ISBN 88-459-1374-0

INDICE

INTRODUZIONE
DI FRANCO VOLPI

1. *Un terzo libretto aureo di Schopenhauer*

Oltre a *L'arte di ottenere ragione*[1] e *L'arte di essere felici*[2] si cela tra le carte postume di Schopenhauer un altro divertente manualetto: *L'arte di farsi rispettare*, che viene qui presentato per la prima volta in traduzione italiana.
Si tratta di un prontuario di massime sul tema della rispettabilità e dell'onore che Schopenhauer raccolse negli ultimi anni del periodo berlinese ed elaborò fino a una forma quasi definitiva, ma che rinunciò poi a pubblicare per ragioni a noi sconosciute. Solo più tardi lo utilizzò nella stesura degli *Aforismi sulla saggezza di vita* (1851), per l'esattezza nel quarto capitolo che ha per tema «Ciò che uno rappresenta» (dopo il secondo su «Ciò che uno è» e il terzo su «Ciò che uno ha»).
Nel manoscritto autografo il trattatello è intitolato *Abbozzo di un trattato sull'onore*, e quando vi si riferisce Schopenhauer lo cita semplicemente come il suo *Trattato sull'onore*. Nel pubblicarlo come volume a sé – per analogia

1. La nostra edizione di questo testo è pubblicata in italiano da Adelphi, Milano, 1991, e in tedesco da Insel, Frankfurt a. M., 1995.

2. Adelphi, Milano, 1997.

con gli altri due manualetti del tutto simili nella forma e nell'articolazione in massime, ma anche per l'intento pragmatico con cui Schopenhauer disserta sull'onore e sui modi per conservarlo – lo intitoliamo *L'arte di farsi rispettare*.

2. *Genesi e carattere del trattato*

Al pari dei due precedenti, anche questo vademecum risale, come si è detto, al periodo di Berlino, e fu steso per la precisione nel corso del 1828. In verità Schopenhauer aveva cominciato a vergare alcune note sul problema dell'onore già qualche anno prima: nel 1820 e 1823 troviamo alcuni appunti sull'argomento nel *Taccuino* (*Brieftasche*), nel 1825 in un altro quaderno denominato *In-quarto* (*Quartant*). Poi, nell'estate del 1828, Schopenhauer si mise risolutamente al lavoro e stese di getto l'intero trattato, che occupa le pagine 110-33 e 137-39 del manoscritto intitolato *Adversaria*. È probabile, come si evince da alcuni riferimenti, che successivamente sia stata inserita qualche ulteriore integrazione, come quando, per esempio, Schopenhauer riporta un episodio tratto dalle *Note* di Isaac Casaubon alle *Vite dei filosofi* di Diogene Laerzio, che egli possedeva nell'edizione stampata da Koehler a Lipsia nel 1830-1833.
Quanto al genere della trattazione, Schopen-

hauer non affronta il tema dell'onore da un punto di vista strettamente speculativo, bensì con una finalità pragmatica, come accade del resto per la dialettica eristica e per la felicità. Intende cioè fornire uno strumento di saggezza pratica, tracciando le coordinate concettuali utili a regolarsi in questioni d'onore, piuttosto che presentarne un esame teorico. Di conseguenza l'esposizione non ha tanto un carattere *docens* bensì *utens*, offrendo un prontuario di massime più che una elaborazione squisitamente filosofica del problema. Insomma, Schopenhauer non vuole qui riflettere in astratto sulla rispettabilità, bensì darne una definizione che miri ai comportamenti concreti da adottare per conservarla il più a lungo possibile malgrado le traversie cui è soggetta nel corso della vita.

In questa prospettiva, cioè alla luce dell'interesse schopenhaueriano per la saggezza di vita, che non emerge soltanto con i *Parerga e paralipomena* (1851) ma è presente fin dagli inizi, andrebbe riconsiderato e studiato il rapporto tra il sistema filosofico esposto nel *Mondo come volontà e rappresentazione* (1819) e le riflessioni empirico-pragmatiche che tanta parte occupano nei suoi quaderni manoscritti, specialmente nel periodo berlinese. Ciò equivale a chiedersi: quale rapporto sussiste tra la prospettiva filosofica tracciata nel *Mondo* e l'attaccamento alla saggezza pratica di cui testimoniano, prima ancora che i *Pa-*

rerga e paralipomena, i trattatelli da noi pubblicati? Il successo che questi ultimi hanno riscosso suggerirebbe l'opportunità di una più approfondita valutazione del loro significato nell'opera e nel pensiero di Schopenhauer. Comunque sia, assumendo un punto di vista pratico-empirico, egli può affermare di non avere trovato alcuna precedente trattazione dell'argomento se non in Marquard Freher, *Tractatus de existimatione adquirenda, conservanda et omittenda, sub quo et de gloria et de infamia,* apud Sebastianum Henricpetri, Basileae, 1591. Si tratta di un ampio manuale che Schopenhauer pesca dalla trattatistica giuridica: Freher è un giureconsulto di Augusta, autore anche di un *Tractatus de fama publica* in due tomi, stampato nel 1588 da Sigismund Feyrabend a Francoforte sul Meno, e ristampato nel 1591 apud Sebastianum Henricpetri a Basilea, il cui prolisso ma significativo sottotitolo recita: *in quo tota vis communis opinionis hominum, famae vocisque publicae et rumorum, tam in genere quam in exemplis plenissime et accuratissime demonstratur, multis vicinis quaestionibus, de notorio, de testimonio auditus, de gloria, de existimatione et infamia, passim admixtis; ad probationum forensium usum apprime commodus.* Nel trattato dunque «si dimostra in modo assolutamente completo e accurato tutta la forza dell'opinione comune degli uomini, della fama e della voce pubblica nonché delle dicerie, sia in generale sia mediante esempi, con l'aggiunta sparsa di molte questioni relate sulla notorietà, la testimonianza per sentito dire, la gloria, la stima pubblica e l'infamia; trattato adatto soprattutto all'uso delle prove forensi». Insomma, Freher era autore di manuali destinati alla pratica giudiziaria. Sappiamo inoltre dalle testimonianze di Julius Frauenstädt,[1] che riporta alcuni colloqui con il maestro riguardanti tra l'altro l'onore e la gloria, che Schopenhauer aveva letto il trattato in cinque libri *De gloria* del teologo e storico lusitano Girolamo Osorio (Torrentinus, Florentiae, 1552), un testo diffuso in diverse edizioni e da lui citato negli *Aforismi sulla saggezza di vita.*[2]

3. *L'argomento*

L'attrattiva del presente testo sull'onore risiede dunque nella prospettiva empirico-pragmatica da cui è affrontato il problema in esame, al quale – è lecito supporre – tutti dovrebbero essere interessati. L'onore, o la rispettabilità, è infatti un sentimento fondamentale che tocca ciò che ciascuno è, o appare, nella mente degli altri, e tutti presto o

1. Cfr. *Arthur Schopenhauer. Von ihm. Über ihn. Ein Wort der Vertheidigung* von Ernst Otto Lindner und *Memorabilien, Briefe und Nachlassstücke* von Julius Frauenstädt, A.W. Hayn, Berlin, 1863, p. 412.

2. Cfr. *Parerga e paralipomena,* tomo I, a cura di Giorgio Colli, Adelphi, Milano, 1981, p. 535.

tardi sono costretti dalle vicissitudini della vita a fare i conti con esso. Riguarda infatti il riconoscimento sociale di ogni individuo e come tale si ritrova in ogni tempo e in ogni società, comparendo fin dall'antichità – unitamente ai concetti contigui di «gloria» e «fama» –, in particolare nelle forme linguistiche τιμή o εὐδοξία nella tradizione greca e in quelle di *honos*, *decus* e *bona fama* in quella latina.

Nell'impossibilità di illustrare il suo originario radicamento nella visione del mondo e nella cultura occidentale – che basterebbero l'*Iliade* e alcune tragedie classiche come l'*Aiace* di Sofocle a documentare – sarà sufficiente ricordare che la prima definizione filosofica rigorosa del concetto di onore è quella data da Aristotele nella *Retorica* e nell'*Etica Nicomachea.* In particolare, nelle argomentazioni iniziali dell'*Etica Nicomachea* (I, 3) Aristotele presenta la celebre distinzione delle tre forme di vita cui corrispondono altrettante concezioni della felicità: la vita dedita al piacere (βίος ἀπολαυστικός), quella pratico-politica (βίος πολιτικός) e quella teoretico-contemplativa (βίος θεωρητικός); ebbene, l'onore (τιμή) è il fine a cui mira la seconda di tali scelte di vita: infatti, quale opinione (δόξα) che gli altri hanno del nostro valore (ἀξία) o della nostra degnità (ἀξίωμα), l'onore è il motivo che sta alla base della partecipazione alla vita politica della città. Perciò, quando nel prosieguo dell'argomen-

tazione Aristotele tratta delle virtù etiche, definisce l'onore, cioè la buona opinione che gli altri hanno di noi (εὐδοξία), come il più grande dei beni esteriori (μέγιστον τῶν ἐκτὸς ἀγαθῶν, *Etica Nicomachea*, IV, 7, 1123 b 20-21). Esso, tuttavia, per non essere solo apparente deve accompagnarsi alla virtù. In tal senso, poiché l'opinione che conta non si limita alle apparenze ma coglie la natura stessa dell'uomo, si può dire che l'onore costituisca il «premio della virtù» (τῆς ἀρετῆς ἆθλον, *Etica Nicomachea*, IV, 7, 1123 b 35).
Questa fortunata espressione – l'onore come *praemium virtutis* – verrà tradotta in latino e diffusa da Cicerone (*Brutus*, 81), il quale racconta inoltre un aneddoto – ripreso da diversi autori e ricordato anche nell'articolo sull'«onore mitologico» dell'*Encyclopédie* di Diderot e D'Alembert: Marco Claudio Marcello avrebbe fatto edificare, uno vicino all'altro, un tempio dedicato alla virtù e uno all'onore, per simboleggiare in questo modo che soltanto passando per la prima si può arrivare al secondo.
L'espressione *praemium virtutis* è ripresa anche da Tommaso d'Aquino, il quale specifica che l'onore è *exhibitio reverentiae in testimonium virtutis* (*Summa Theologiae*, II, II, q. 103, a. 1; cfr. anche *Quaestiones quodlibetales*, 10, 6. 12, ob. 3). Pertanto, esso è legittimamente attribuito solo in presenza della virtù: *sola virtus est debita causa honoris* (*Summa Theologiae*, II, II, q. 63, a. 3). Inoltre, poiché la virtù

appartiene all'ordine delle cose spirituali e interiori, anche l'onore è tra queste, a differenza della «lode» (*laus*) e della «gloria» (*gloria*) che sono invece annoverate tra le cose esteriori.

Ma non è qui il caso di seguire le vicissitudini dell'onore dall'antichità attraverso l'età di mezzo fino all'epoca moderna.

Tenuto in scarso conto dagli stoici, che lo reputavano tra le cose indifferenti (ἀδιάφορα, *indifferentia*), sia pur preferite (προηγμένα, *praeposita*), ai fini del conseguimento della felicità (Cicerone, *De finibus*, III, 17, 57), l'onore venne rivalutato dalla tradizione giuridica romana, che giunse a definirlo in termini precisi e a stabilire il criterio della punibilità dell'offesa: «L'onore» sancisce il giureconsulto Callistrato nel *De cognitionibus*, libro I «è lo stato di illesa dignità, comprovato dalle leggi e dai costumi, che in seguito a un nostro delitto viene sminuito o annullato dall'autorità delle leggi» («*existimatio est dignitatis inlaesae status, legibus ac moribus comprobatus, qui ex delicto nostro auctoritate legum aut minuitur, aut consumitur*», in *Digesta*, liber L, titulus XIII, *De extraordinariis cognitionibus*, 5, par. 1).

Ma l'onore giunse a occupare una posizione cardinale soprattutto nel corso del Medioevo, nel sistema sociale del feudalesimo e nella visione del mondo aristocratica propria della cavalleria, basata su valori quali l'eccellenza, il coraggio, la forza, la lealtà, la rispettabilità. Le testimonianze letterarie dell'epoca documentano in termini eloquenti tale importanza dell'onore, che divenne un tema centrale nella cosiddetta letteratura degli «specchi del principe» – la quale forniva i modelli per l'educazione e la formazione dell'alta aristocrazia nobiliare – e che passò poi nella moralistica e nella trattatistica della «conversazione civile». Quest'ultima conobbe in età moderna una vasta fortuna in tutta Europa grazie alle opere di Baldassarre Castiglione, Giovanni Della Casa, Stefano Guazzo, Baltasar Gracián e Adolf von Knigge, tutte presenti nella biblioteca personale di Schopenhauer.

Anche in campo strettamente filosofico, il motivo dell'onore è trattato da importanti autori moderni, ben noti a Schopenhauer: nella cultura anglosassone da Hobbes (*Leviatano,* I, 10), Berkeley (*Alcifrone,* III), Mandeville (*Ricerca sull'origine dell'onore*) e Hume; in Francia da Descartes (*Le passioni dell'anima,* art. 66, 204, 205), Montesquieu, Diderot e Rousseau; in Germania da Thomasius (*Introductio in philosophiam moralem,* pars III, cap. 1, par. 6), Wolff (*Deutsche Ethik,* par. 590) e Kant, con le sue distinzioni terminologiche tra *Ehre* (*honos*), *Ehrbarkeit* (*honestas externa, juridica*), *Ehrliebe* (*honestas interna, iustum sui aestimium*), *Ehrsucht* o *Ehrbegierde* (*ambitio*), *Ehrlosigkeit* (*infamia*) ed *Ehrfurcht* (*veneratio*).

Ma tutte queste occorrenze e l'autorevole

tradizione filosofica che si occupa dell'onore non sembrano interessare Schopenhauer. Egli si concentra piuttosto su una disamina essenziale e pragmatica della questione, alla quale fu verosimilmente spinto – come non è difficile sospettare – da una sua spiccata sensibilità per il problema e da esperienze personali che, nei suoi viaggi e nella frequentazione della società del tempo, certo non gli mancarono. Nel nostro testo, per esempio, egli fa riferimento a un episodio accaduto nel 1808 alla stazione termale di Wiesbaden di cui egli fu spettatore (si veda sotto, massima n. 3, p. 63 nota 2), o ancora alla diffusione dei princìpi dell'onore cavalleresco tra le associazioni studentesche dell'epoca, che egli stigmatizza con risolutezza come usanza assurda e irrazionale. Se poi prestassimo fede ai *Colloqui*[1] e all'aneddotica riportata dal biografo Wilhelm Gwinner[2] – secondo il quale Schopenhauer, fedele per istinto al principio plautiano *homo homini lupus*, teneva in casa la spada pronta e la pistola carica –, troveremmo altri episodi, vissuti in prima persona o riferiti dalla stampa quotidiana che Schopenhauer leggeva, anche se solo come

1. A. Schopenhauer, *Gespräche*, a cura di Arthur Hübscher, Frommann-Holzboog, Stuttgart-Bad Cannstatt, 1971; trad. it. *Colloqui*, a cura di Anacleto Verrecchia, Rizzoli, Milano, 1982.

2. W. Gwinner, *Arthur Schopenhauer aus persönlichem Umgange dargestellt*, Brockhaus, Leipzig, 1862, 2ª ediz. accresciuta, ivi, 1878.

un «aperitivo disgustoso», i quali possono aver fornito occasione e alimento alle riflessioni del filosofo sull'onore.

Motivato dunque con ogni probabilità dalla propria esperienza concreta e ispirato dalla sua impareggiabile verve, Schopenhauer elabora sul piano filosofico-concettuale la questione dell'onore nei suoi due aspetti, da lui tenuti rigorosamente separati:

1) l'onore nel senso dell'opinione che gli altri hanno di noi; esso costituisce il principio basilare nelle relazioni dell'individuo umano con i suoi simili. Seguendo una tradizione secondo cui tale specie di onore ha aspetto proteiforme, Schopenhauer lo divide in varie sottospecie da lui esaminate una per una: l'onore privato o civile, comprendente a sua volta l'onore professionale e quello commerciale, l'onore pubblico o d'ufficio (*Amtsehre*), l'onore sessuale (*Sexualehre*) maschile e femminile, l'onore nazionale (*Nationalehre*), l'onore dell'umanità (*Ehre der Menschheit*).

2) Il preteso onore cavalleresco (*ritterliche Ehre*), che Schopenhauer stigmatizza come una follia, specialmente nell'esito a cui conduce nella maggior parte dei casi: il duello, con le sue ben note conseguenze.

Tutto ciò, malgrado il sentire dei tempi sia profondamente mutato, non ha affatto perduto di interesse. Le questioni relative all'onore e all'onorabilità sono a tutt'oggi avvertite come importanti, e ciò si rispecchia nella realtà giuridica contemporanea, in cui si perseguono ancora reati contro l'onore come l'ingiuria e la diffamazione (a mezzo di «detti, scritti, emblemi, allegorie, simboli, caricature, ironie») e addirittura il «delitto di offesa alla memoria di un defunto». E anche quando, per i mutamenti di costume nel frattempo intervenuti, possiamo guardare con indulgente distacco a certe osservazioni che Schopenhauer ci propone, per esempio sull'onore sessuale e sulle differenze che a suo dire sussistono in questa materia fra l'uomo e la donna, dobbiamo riconoscere che la pungente impertinenza del suo stile centra sempre il bersaglio, andando direttamente al cuore del problema.

Ciò che più conta, egli sa rivolgersi a tutti coloro che, oggi come ieri, intendono trovare i mezzi più idonei per farsi rispettare nella vita: senza sollecitare però l'istinto di autoaffermazione e di prevaricazione, di cui Madre Natura ha già dotato in misura fin troppo robusta ciascuno di noi, bensì prefiggendosi di esercitare sui suoi lettori un effetto pedagogico e parenetico che li induca a una sana ragionevolezza in questioni d'onore, e li distolga da quella insensata e folle esacerbazione dell'orgoglio personale di cui l'onore cavalleresco, ancora ai suoi tempi, dava spettacolo.

Proprio in merito a questo punto, Schopenhauer si impegna in una polemica contro lo spirito dominante della sua epoca. A dispetto dell'immagine di lui più diffusa – che lo dipinge come misantropo egoista, cinico e pessimista, sempre pronto ad argomentare *ex summo malo* – egli si rivela invece un insospettato e appassionato paladino dei diritti della ragione contro l'oscurantismo e il conservatorismo che ne impediscono l'affermarsi nella società. Tanto che si mostra preoccupato del fatto che, mentre l'onore dell'individuo può essere reintegrato, le macchie che infangano l'onore dell'umanità non potranno mai scolorare né essere cancellate, nemmeno dal trascorrere distruttivo del tempo: è lui – maestro di pessimismo e disincanto, che ha eletto a proprio rifugio la «solitudine dei re» – a rammentarci, alla fine del primo capitolo del presente trattatello, che l'atroce ingiustizia di eventi quali «l'esecuzione di Socrate, la crocefissione di Cristo, l'assassinio di Enrico IV, l'Inquisizione, il commercio degli schiavi», celebri infamie che offendono l'onore dell'umanità, è destinata a perdurare in eterno in tutta la sua esecrabilità. Ulteriore riprova, questa, del fatto che Schopenhauer sta al di là dell'opposizione di razionalismo e irrazionalismo, di illuminismo e oscurantismo, e che il suo disincantato pessimismo non gli impedisce di mantenere alta la soglia della vigilanza critica né di esercitare il giudizio morale.

4. *La presente edizione*

La nostra traduzione si basa sul testo pubblicato da Arthur Hübscher nella sua edizione degli scritti postumi: *Der handschriftliche Nach-*

laß, 5 voll. in 6 tomi, Kramer, Frankfurt am Main, 1966-1975; ristampa anastatica, Deutscher Taschenbuch Verlag, München, 1985 (edizione italiana, *Scritti postumi*, Adelphi, Milano, 1996-), vol. III, pp. 472-96. In alcuni punti in cui Schopenhauer rinvia a brani contenuti in altre parti del *Nachlaß* o ad altri ancora inediti (è il caso dei rimandi a *Pandectae*, pp. 118, 183, 289 a), si è integrato il testo di Hübscher in base ai manoscritti generosamente messi a mia disposizione da Jochen Stollberg, direttore dello Schopenhauer-Archiv della Universitäts- und Stadtbibliothek di Francoforte sul Meno. Tali integrazioni sono incluse tra parentesi angolari < >. Quando esse si trovino in nota e includano a loro volta altre note, queste ultime sono inserite tra parentesi graffe { }. Sono invece indicate tra parentesi quadre [ ] tutte le integrazioni e le note del Curatore, in particolare le traduzioni dei passi di autori classici citati da Schopenhauer nella lingua originale, nonché l'indicazione della fonte e dei dati bibliografici essenziali, completati dov'era necessario. Le citazioni non letterali dai classici, che Schopenhauer, per la sua grande familiarità con le loro opere, riportava spesso e volentieri a memoria, sono state lasciate nella forma in cui egli stesso le ricorda.

[L'ARTE DI FARSI RISPETTARE OVVERO] TRATTATO SULL'ONORE[1]

1. [Il testo, con il titolo *Skitze einer Abhandlung über die Ehre* («Abbozzo di un trattato sull'onore»), è contenuto in *Adversaria*, par. 69 (1828), cfr. A. Schopenhauer, *Der handschriftliche Nachlaß*, a cura di A. Hübscher, 5 voll. in 6 tomi, Kramer, Frankfurt a. M., 1966-1975; ristampa anastatica, Deutscher Taschenbuch Verlag, München, 1985, vol. III, pp. 472-96].

PREMESSA[1]

Lo bueno, si breve, dos vezes bueno;
y aún lo malo, si poco, no tan malo:
más obran quintas esencias, que fárragos.

BALTASAR GRACIÁN[2]

L'onore è un sentimento che, sorgendo dal profondo e con frequenza quotidiana, è a tutti ben noto e assai familiare. Ma alle persone in qualche misura inclini e portate al pensiero astratto potrebbe essere gradito fissarlo e

1. [Il testo della Premessa fu steso da Schopenhauer a conclusione del manoscritto e si trova in *Adversaria*, par. 69 (1828), cfr. A. Schopenhauer, *Der handschriftliche Nachlaß*, cit., vol. III, pp. 495-96; viene qui inserito all'inizio, cioè nella collocazione prevista].

2. [«Quel che è buono, se è breve, diventa buono il doppio; e perfino il male, se è poco, pare minore: fanno più effetto le quintessenze che le farragini», Baltasar Gracián, *Oráculo manual y arte de prudencia*, par. 105]. Cfr. *Adversaria*, par. 290 (1829): <{Cfr. *Pandectae*, p. 183} Una riflessione anche minima insegna che l'*opinione degli altri* (cioè l'onore), proprio come il denaro, può avere solo un valore mediato. Ma come, nel caso del denaro, per cupidigia ci si dimentica talora di questo fatto, e da ciò ha origine l'avarizia vera e propria, così avviene anche nel caso dell'onore, e ancora più spesso. Ne deriva che si conduce la propria vita seguendo unicamente l'opinione altrui, anzi, che la si sacrifica a essa. Sul piano della teoria ci si spinge a dire che «l'onore vale più della vita», ma ciò può essere vero solo come è vero quel che Shylock dice del suo denaro: «Che m'importa che mi regali la vita, se mi togli i mezzi con cui conservarla» [cfr. William Shakespeare, *Il mercante di Venezia*, IV, 1, vv. 374-75: «Mi togliete la vita, quando mi togliete i mezzi coi quali vivo»].

riconsiderarlo una buona volta in concetti chiari nello specchio neutro della riflessione. In questa guisa, a causa della metamorfosi

La caricatura dell'onore cavalleresco si distingue per il fatto che esso in fondo non consiste, come ogni altro onore, nell'opinione che la gente ha del nostro *valore*, ma nell'idea che noi siamo *da temere*.
Come l'onore privato, cioè l'opinione che meritiamo fiducia, è il palladio di coloro che intendono arrangiarsi nel mondo guadagnandosi il pane onestamente, così l'onore cavalleresco, cioè l'opinione che siamo da temere, è il palladio di coloro che intendono passare la propria vita nel segno della violenza; non per nulla esso è nato fra i cavalieri-predoni e gli altri cavalieri del Medioevo.
Forse il principio secondo cui è più importante essere temuti che stimati non è poi così falso: lo si potrebbe anche accettare se significasse solo che non temiamo nulla e siamo *eo ipso* da temere non appena veniamo attaccati in cose essenziali e importanti; sennonché l'onore cavalleresco lo estende alla minima piccolezza, in base al principio che, di due individui impavidi, nessuno debba mai cedere, sicché dallo scontro più lieve si arriva agli insulti, poi ai colpi, e infine alle armi mortali, e che quindi, per il decoro, è addirittura meglio saltare i gradi intermedi e dallo scontro più insignificante passare direttamente alle armi. Tutto ciò è stato tradotto in un rigido sistema di leggi e regole: la farsa più seria del mondo. Solo che il principio è falso, come dimostrano il popolo e, ancor meglio, tutti quei ceti che non si attengono al principio d'onore cavalleresco e nei quali perciò le controversie seguono il loro corso naturale: tra costoro il colpo mortale è assai *raro*, cento volte più raro che nella millesima parte della società che rende omaggio a quel principio. In questioni di minore importanza, tuttavia, uno dei due individui impavidi cede, e cioè quello più intelligente, poiché solo i pazzi mettono in gioco la propria vita per un'inezia. Chi lo fa invece per l'*eccessivo timore* di non esse-

subita e malgrado la sua familiarità, l'oggetto di studio viene sì privato dello stimolo della novità, ma se ne ha il ben più solido vantaggio che in virtù di tale trasformazione risulta facile vedere quanto di siffatto sentimento si fondi sulla natura umana e sulle sue condizioni essenziali, e quanto invece solo su un pregiudizio precocemente assimilato.[1] Mi è sembrato tuttavia tanto più opportuno scegliere l'onore quale oggetto di una simile indagine in quanto – nonostante esso conservi, secondo il giudizio di tutti i tempi e di tutti i Paesi, il primo posto fra i beni terreni, e in modo così saldo che tutt'al più solo la vita stessa può venire posta sul suo medesimo piano – né in tedesco né in un'altra lingua vivente è disponibile a mio sapere uno scritto sull'argomento,[2] fatto questo senza dubbio

re altrimenti temuto, dovrebbe sapere che chi teme non può *eo ipso* essere temuto. Gli antichi non conoscevano la farsa, poiché in tutte le opere teatrali rimanevano fedeli alla visione vera e naturale delle cose e non sapevano fare caricature. Ma dato che nelle questioni *importanti*, nello Stato e nella situazione di diritto, il farsi giustizia da sé è stato completamente eliminato, ed è da temere solo colui che sa armarsi della legge, la massima del farsi temere rimane limitata alle sole inezie, laddove essa, come si è detto, è follia.> [A. Schopenhauer, *Der handschriftliche Nachlaß*, cit., vol. III, pp. 649-50].

1. [*Seguiva il passo, poi cancellato*:] (Un esperimento simile vogliamo tentarlo ora nel caso del sentimento dell'onore, a cui nessuno può essere del tutto estraneo).

2. (Tutti gli scritti sull'onore sono giuridici, oppure sono declamazioni rivolte a studenti).

stupefacente nel secolo che più di ogni altro ama scrivere, e che ha dato alla luce una quantità di libri sulle questioni più insignificanti. L'unica opera a me nota è *Marquardi Freheri juris consulti tractatus de existimatione*, Basileae, 1591,[1] che affronta la questione dal punto di vista giuridico, e che, attenendosi al diritto romano, non parla del suo tempo ma di quello dei Romani.

1. [*Tractatus de existimatione adquirenda, conservanda et omittenda, sub quo et de gloria et de infamia; Marquardo Frehero auctore*, apud Sebastianum Henricpetri, Basileae, 1591, pp. 646].

I
DELL'ONORE E DELLA VERITÀ

MASSIMA N. 1

L'onore è l'opinione che gli altri hanno di noi, cioè l'opinione generale di coloro che sanno di noi; più precisamente è l'opinione generale che coloro che ci conoscono hanno del nostro valore sotto un qualche aspetto che va preso in seria considerazione, e che determina i diversi generi dell'onore. In questo senso si può definire l'onore come il rappresentante del nostro valore nei pensieri altrui.

MASSIMA N. 2

Una tale opinione, come semplice pensiero nella mente di estranei, non può avere un valore in sé e per sé. Infatti i pensieri altrui, privati per di più della possibilità di influire all'esterno, si potrebbero tranquillamente considerare come non esistenti, e in sé non può non essermi indifferente che Caio pensi di me questo o quest'altro, o che la pensi come Sempronio. Nulla può essermi più indifferente dei suoi pensieri presi in sé e per sé, vale a dire fintanto che essi non influiscono all'esterno, dunque anche su di me.[1] L'opinio-

1. A persone inesperte può risultare difficile distinguere l'esistenza di pensieri estranei dalla possibilità del

ne degli altri ha un valore solo in quanto determina o può determinare all'occasione il loro *agire* nei miei confronti: ha quindi un valore solo relativo. Ma è proprio quel che accade finché vivo con gli uomini e fra gli uomini. Ora, poiché nello stato di civiltà tutto ciò che in un senso o nell'altro è nostro lo dobbiamo agli altri e alla società, e poiché in tutte le nostre attività abbiamo bisogno degli altri – e gli altri, per avere rapporti con noi, debbono fidarsi di noi – allora l'opinione che essi hanno di noi ha un valore che, per quanto indiretto, è pur sempre altissimo: *bonne renommée vaut mieux que ceinture dorée* [una buona reputazione vale più di una cintura dorata].

MASSIMA N. 3

A prima vista ciò che determina l'opinione generale che gli altri hanno di noi, cioè l'onore, non è la nostra *vera* natura, ma quella *apparente*; è la vera solo nella misura in cui quella apparente coincide con essa. L'onore e il valore che esso rappresenta sono quindi due cose diverse: uno può perdere il proprio onore senza avere perduto il proprio valore, e viceversa. Si possono quindi commettere crimini per salvare l'onore, cioè si

loro influire su di noi: esse credono che sia proprio l'opinione altrui in sé a starci sempre così a cuore, come in effetti sembra. Ma questo lo si deve esclusivamente al fatto che l'opinione degli altri ne guida l'agire e la condotta nei nostri confronti.

può sacrificare il proprio valore per l'altrui opinione al riguardo, e viceversa. Si vedano i casi di Giuseppe e di Ippolito.[1] Non può essere altrimenti, poiché a chiunque piace avere un'opinione su ogni cosa, senza però che si abbia la voglia di impegnarsi in un'indagine approfondita. All'onore e alla fama può essere applicata la massima di Gracián: *Las cosas no pasan per lo che son, sino per lo che parecen* [«Le cose non si considerano per quel che sono, ma per quel che appaiono», Baltasar Gracián, *Oráculo manual y arte de prudencia*, par. 99]. Ma[2] ciò vale assai più per la *fama* che per l'onore, giacché essa trae origine da imprese straordinarie, che sono

1. [Schopenhauer si riferisce all'episodio di Giuseppe narrato nella Bibbia (*Gn*, 39): avendo respinto le profferte della moglie di Potifar, che si era innamorata di lui, Giuseppe fu da lei accusato di averla insidiata; e al caso di Ippolito, figlio di Teseo e Antiope, che fu calunniato dalla matrigna Fedra che si era di lui invaghita, come racconta Euripide nell'omonima tragedia].

2. Cfr. *In-quarto*, par. 135 (1826): <Due sono le vie che portano alla *fama* e all'immortalità: la via delle *azioni* e quella delle *opere*. Delle azioni, tuttavia, è immortale solo il ricordo, che diventa a mano a mano più debole e inattendibile, e da ultimo forse scompare del tutto, poiché le tracce delle azioni svaniscono. Le opere, invece, sono *di per sé* immortali e possono sopravvivere in eterno. Possediamo i *Veda*, ma delle azioni che accaddero allora non c'è ricordo né traccia. Le attitudini che rendono l'uomo capace di azioni e di opere immortali sono assai varie: molto di rado, e forse mai, esse si trovano riunite in *un solo* individuo (Giulio Cesare).> [A. Schopenhauer, *Der handschriftliche Nachlaß*, cit., vol. III, pp. 258-59].

azioni o *opere*: le azioni in battaglia hanno solo pochi testimoni diretti, dalla cui testimonianza, che raramente è imparziale, tutto dipenderà in seguito; d'altra parte l'azione, essendo qualcosa di pratico, rientra più o meno nella capacità di giudizio di chiunque, purché i fatti gli siano riportati fedelmente. Viceversa, sono pochi a saper giudicare le *opere*, cioè qualcosa di teoretico, e in numero tanto più esiguo quanto più elevato è il genere delle opere stesse; ma in compenso qui i fatti sono certi e immutabili, e all'occorrenza possono aspettare i posteri.[1]

1. A questo proposito Seneca si è espresso in termini così incomparabilmente belli che non posso evitare di riportarne qui il passo: *Epistulae*, 79: <«La gloria è l'ombra della virtù e l'accompagnerà sempre, anche se questa non vuole. Ma come l'ombra ora precede, ora segue i corpi, così la gloria talvolta si mostra visibile davanti a noi, talaltra ci viene dietro; ed è tanto più grande quanto più tardi arriva, una volta scomparsa l'invidia. Per quanto tempo Democrito fu preso per pazzo! Con quanta fatica la fama raggiunse Socrate! Quanto a lungo i concittadini ignorarono Catone! Lo respinsero e non lo compresero se non quando lo ebbero perduto. Se Rutilio non avesse sofferto l'ingiusta condanna, la sua onestà e la sua virtù sarebbero rimaste nascoste: esse rifulsero nell'oltraggio. Forse non fu grato alla sua sorte, abbracciando l'esilio? Parlo di quelli resi famosi dalla fortuna mentre ne erano perseguitati; ma quanti ebbero il riconoscimento dei loro meriti solo dopo la morte? Quanti ce ne sono che la fama trasse fuori da una lunga dimenticanza? [...] Nessuna virtù rimane a lungo nascosta, né le reca danno l'essere stata nascosta: verrà il giorno che sarà tratta in luce dall'oblio in cui l'aveva cac-

L'onore invece, come vedremo più avanti, si basa su cose che ci si attende da chiunque appartenga al medesimo ceto, e su cui quindi ciascuno è un giudice competente: qui l'errore è possibile solo in seguito a una falsificazione dei fatti; essa però a lungo andare non è facile, dato che il giudice dell'onore di ciascuno è la sua sfera d'azione, e che la falsa parvenza può bensì ingannare facilmente il singolo, ma difficilmente tutti. In conclusione, la regola è che a determinare l'opinione generale sia la nostra vera natura, mentre l'eccezione è che sia solo quella apparente.

ciata l'invidia dei contemporanei. Chi pensa agli uomini della sua generazione non vivrà per i posteri. Seguiranno migliaia e migliaia di anni, migliaia e migliaia di uomini: a questi devi guardare. Anche se l'invidia avrà imposto a tutti i tuoi contemporanei il silenzio su di te, verranno i posteri a giudicarti con animo sereno, senza avversioni né simpatie. Se dalla fama viene alla virtù un qualche premio, neppure questo va perduto. Non ci toccherà – è vero – quello che diranno di noi i posteri; tuttavia non cesseranno di onorarci, anche se non potremo sentire. A ciascuno di noi la virtù darà la sua ricompensa o in vita o dopo la morte, purché la seguiamo con sincerità, e non ce ne serviamo come ornamento esteriore, ma rimaniamo sempre gli stessi, sia che sappiamo di essere guardati, sia che siamo presi alla sprovvista. Non giova la simulazione. Un volto imbellettato non fa effetto che a pochi. La verità è sempre la medesima in ogni sua parte. Le false sembianze non hanno alcuna consistenza: attraverso il velo sottile della menzogna, agli occhi di un attento osservatore traspare la verità».> [Seneca, *Lettere a Lucilio*, IX, 79, 13].

MASSIMA N. 4[1]

Poiché l'agire degli altri nei miei confronti, per non essermi indifferente, deve riguardare il mio benessere o il mio malessere; e poiché la loro opinione, dunque l'onore, ha valore solo in quanto influisce su questo aspetto; poiché tuttavia la condizione di ogni benessere è la vita, mentre la morte è l'estremo e il limite di ogni male, allora la classica sentenza che spesso si sente dire, «L'onore vale più della vita», non può essere vera. Infatti l'onore è pur sempre solo un mezzo per ottenere ciò che rende piacevole o sopportabile la vita. Vivere, e vivere passabilmente, è (da questo punto di vista empirico) lo scopo, e il mezzo non può valere più dello scopo. Inoltre la vita, una volta persa, non la si può riottenere in alcun modo, mentre è possibile riconquistare l'onore, per esempio tramite lo smascheramento di un inganno, l'acquisizione di nuovo onore in un altro ambito, e in ogni caso qualora sopraggiunga un deciso mutamento del clima generale, e così via. Con ciò non si vuole tuttavia negare che talora singoli individui non solo mettono in gioco la vita per l'onore – il che è ancora compatibile con quanto detto – ma la sacrificano addirittura. Ciò si spiega in base al fatto che molto spesso l'uomo, concentrandosi sui mezzi, perde di vista lo scopo.[2]

1. Si riconnette alla massima n. 2.

2. La massima n. 4 deve seguire alla massima n. 1, dev'essere cioè o la n. 3 oppure la n. 1.

A differenza della fama, che ha un carattere *positivo*, l'onore ha un carattere *negativo*, giacché esso è l'opinione concernente non particolari qualità che abbiamo in sovrappiù, ma quelle che di regola ci si deve aspettare non ci manchino. L'onore vuol dire soltanto che non siamo eccezioni, mentre la *fama* significa il contrario, cioè che lo siamo. La *fama* deve prima venire conquistata, e precisamente con il mostrare qualità che altri nostri simili non hanno e per le quali quindi ci si distingue: chi è privo di *fama* non l'ha perduta, piuttosto non l'ha ancora conquistata. L'*onore*, all'opposto, è una cosa che si dà per scontata, sicché chi ne è privo lo ha perduto, e precisamente per ciò che ha fatto, mentre uno può averlo senza che si possa indicare quali azioni abbia compiuto per ottenerlo: si presuppone solo che, nell'eventualità, ci si comporti in un modo e non nell'altro, ed è sufficiente che finora in proposito non si abbia dimostrato di fare il contrario. Per questo il carattere dell'onore è negativo, come si vede anche dal fatto che esso si basa molto più spesso su quel che non facciamo piuttosto che su quel che facciamo, e dal fatto che fornisce più prescrizioni negative che positive. La fama, invece, è il positivo, e viene conquistata solo in virtù di determinate azioni (o opere) particolari. L'onore riguarda insomma solo qualità che ciascun nostro simile dovrebbe avere, e che dunque sono date per scontate:

l'onore di ciascuno è la convinzione generale degli altri che quelle qualità non gli manchino, e che quindi, da questo punto di vista, egli non faccia eccezione alla regola.

MASSIMA N. 6

Questa negatività non va però scambiata per passività. Il carattere dell'onore è negativo, ma al tempo stesso è in sommo grado attivo nel senso che proviene dal soggetto a cui rendere onore e da nient'altro all'infuori di lui. Il nostro onore viene dall'interno, non dall'esterno, nel qual caso sarebbe passivo; esso ha le sue radici in noi, benché fiorisca all'esterno; si basa sul nostro comportamento, non su ciò che ci capita dall'esterno: è τῶν ἐφ' ἡμῖν [fra le cose che dipendono da noi]. Noi soli, e nessun altro, possiamo darcelo o toglierceło, fatta eccezione per la calunnia. Per questo sarebbe assai più giusto dire che ciascuno è artefice del proprio onore piuttosto che della propria fortuna.[1]

1. Che in fatto di dignità i giovani siano inferiori agli adulti e debbano loro maggiore rispetto, e non viceversa, potrebbe in fondo derivare dalla circostanza che l'onore dei giovani è bensì assunto come presupposto, ma non è stato ancora comprovato, e quindi si basa in realtà su un credito. Nel caso degli adulti, invece, durante la vita si è inevitabilmente dimostrato se abbiano saputo difendere il loro onore con la loro condotta. Infatti né gli anni in se stessi – anche gli animali vivono altrettanto, taluni persino di più – né l'esperienza,

E quantunque l'opinione generale, al pari di quella individuale, sia soggetta all'errore e all'inganno, tuttavia essa lo è in misura di gran lunga minore e per una durata assai più breve di quella, poiché il pubblico, ovvero la sfera d'azione di ciascuno, è un Argo dai cento occhi che scrutano dappertutto: lo si inganna, ma quasi mai per molto, e l'onore si basa su cose in cui esso, non appena disponga dei dati necessari, è un giudice competente. Alla fine la calunnia viene scoperta e l'ipocrisia smascherata.[1] Per mantenere l'onore non c'è quindi altro mezzo *sicuro* quanto l'essere degni di rispetto, cioè il rimanere fedeli nelle parole e nelle azioni all'autentica rettitudine. È per questo che nella sua accezione quotidiana l'onore viene considerato spesso come identico e sinonimo di questa sua fonte, e che, nonostante sia qualcosa che sussiste completamente al di fuori di noi, cioè nella mente altrui, siamo soliti considerarlo pur sempre una parte della nostra personalità – come indicano peraltro tutte le espressioni correnti al riguardo, per esempio «un uomo d'onore» o «un uomo senza onore». Quest'ultima espressione si addice anche a colui che non abbia ancora perduto il suo onore,

in quanto conoscenza meramente acquisita di come va il mondo, sono una ragione sufficiente per il rispetto che gli adulti esigono dai giovani. E la mera debolezza dell'età avanzata meriterebbe, più che rispetto, indulgenza.

1. Stupefacente correttezza del giudizio in proposito.

ma che con la sua condotta mostra di non avere alcun interesse a mantenerlo.

MASSIMA N. 7

L'onore, ovvero l'opinione generale degli altri, si fonda in ultima analisi sulla supposizione che l'uomo non cambi mai ma rimanga quel che è, e che quindi lo si troverà sempre di nuovo così come ha mostrato di essere una volta. È per questo che l'inglese *character* sta per «buon nome», «reputazione», «onore»; ed è per questo che in realtà l'onore, una volta perduto, non può in alcun modo venire ristabilito: da nulla al mondo.[1] Ciò lo distingue da tutti gli altri beni e gli attribuisce un valore pressoché assoluto. Dice Shakespeare:

Good name in man and woman, dear my lord,
Is the immediate jewel of their souls.
Who steals my purse steals trash; 'tis something, nothing;
'T was mine, 'tis his, and has been slave to thousands.
But he that filches from me my good name
Robs me of that which not enriches him.[2]

1. [*Seguiva il passo, poi cancellato*:] Ciò che sopra si è detto circa il ristabilimento dell'onore non contraddice questa affermazione, poiché in quel caso si riferiva o a una perdita dell'onore solo apparente, che può essere annullata tramite lo smascheramento dell'inganno, oppure...

2. [«Il buon nome, mio caro signore, sia per l'uomo

Solo quando la perdita dell'onore è dovuta semplicemente a un inganno, o è nata dalla calunnia o dalla falsa parvenza, esso può venire ristabilito tramite lo smascheramento. In questo caso, però, anche la sua perdita era in realtà solo apparente, giacché esso non era perduto ma solo temporaneamente smarrito. Viceversa, c'è pure un ristabilimento soltanto apparente dell'onore in realtà perduto, per esempio quello che si ottiene grazie al mutamento del clima generale o cambiando nome; infine, si può perdere un tipo di onore e tuttavia mantenerne un altro più generale: per esempio, chi ha perduto il suo onore pubblico mantiene ancora quello privato; analogamente, c'è chi rinuncia del tutto a *un* genere di onore pur attenendosi ancora strettamente all'altro, per esempio truffa nei suoi commerci, ma non ruba affatto, oppure è un brigante, ma sulla sua parola si può contare.

L'honneur est comme une isle escarpée et sans bords:
On n'y peut plus rentrer dès qu'on en est dehors.

Boileau, *Satires*, 10[1]

che per la donna / è il gioiello immediato delle loro anime. / Se uno mi ruba la borsa, ruba dei soldi; è qualcosa e non è nulla; / erano miei, ora son suoi, come già furono di mille altri. / Ma chi mi truffa il buon nome, / mi porta via qualcosa e non arricchisce lui e fa di me un miserabile», W. Shakespeare, *Otello*, III, 3, vv. 160-66].

1. [«L'onore (della donna) è come un'isola dirupata e senza approdi. / Quando la si è lasciata, non si può più farvi ritorno». Schopenhauer cita secondo l'edizione da lui posseduta: *Œuvres diverses du Sieur D****, 2 voll., Denys Thierry, Paris, 1694].

I diversi generi di onore derivano dai diversi aspetti sotto cui gli altri hanno o possono avere rapporti seri con noi, quindi nel caso in cui, per acquistare fiducia nei nostri confronti, debbono farsi un'opinione determinata di noi. I principali aspetti di questo tipo sono:
a) il mio e il tuo;
b) gli atti dell'assumere impegni;
c) il rapporto fra i sessi.
Da ciò hanno origine:
a) l'onore privato in senso stretto;
b) l'onore pubblico;
c) l'onore sessuale.
Ciascun onore contempla sottogeneri.

a) *L'onore privato*

L'onore privato di un uomo è l'opinione altrui che egli sia assolutamente probo, cioè rispetti realmente tutti i diritti degli altri, e che quindi non si servirà mai di mezzi scorretti o illeciti per ottenere proprietà o altri vantaggi, non si permetterà nessuna forma di raggiro o di ricatto, manterrà la parola data e onorerà gli impegni assunti, e infine, come privato cittadino, dimostrerà ovunque rispetto per la legge. Egli perde il suo onore non appena si scopre che anche in *un solo* caso ha agito contro questi princìpi: perciò basta una qualsiasi condanna penale per privarlo dell'onore. Sia la calunnia sia la riprovazione

pubblica intaccano l'onore, ed è per questo che la legge lo tutela da simili eventualità mediante norme contro la calunnia, la diffamazione, l'ingiuria.[1] Ha talmente a cuore il suo onore che cercherà egli stesso di controbattere tutti gli attacchi di questo tipo con una confutazione giudiziale ed extragiudiziale, sollecitando in prima persona un'indagine sul suo operato. E in questi casi la tutela del suo onore consiste nella confutazione formale, e non nella punizione del diffamatore, che per lui vale soltanto come convalida della confutazione e come deterrente per prevenire nuovi attacchi.
Generi particolari dell'onore privato sono: l'onore commerciale, che esige l'applicazione di quanto detto alle relazioni mercantili con la massima scrupolosità e secondo le norme vigenti, come per esempio l'onorare puntualmente un'accettazione, il pagamento istantaneo di una cambiale ritornata per protesto, una giusta aspirazione al guadagno, l'astensione da ogni genere di raggiro e di pretesa eccessiva, nonché da ogni ombra di truffa, eccetera. Analogo è l'onore specifico di ogni professione e di ogni mestiere, inoltre l'onore della ditta, in base al quale gli atti illegali commessi al suo interno toccano anche il titolare, eccetera.

1. Cfr. *Pandectae*, p. 289 a, sull'insultare: <L'*insultare* è un calunniare sommario, senza ragioni, e ciò si può esprimere bene in greco: ἔστι ἡ λοιδορία διαβολὴ σύντομος [l'insulto è una calunnia abbreviata].>

b) *L'onore pubblico*

L'onore pubblico[1] è l'opinione generale degli altri secondo la quale colui che ricopre una carica pubblica possiede davvero tutte le qualità a ciò necessarie, e in tutte le circostanze soddisfa puntualmente le incombenze del suo ufficio. Quanto più vasta e importante è la sfera d'influenza di un uomo nello Stato – cioè quanto più elevata e influente è la posizione che occupa – tanto più alta dev'essere l'opinione sulle capacità intellettuali e sulle qualità morali che lo rendono idoneo a essa; tanto maggiore, perciò, è il grado d'onore che egli possiede, di cui sono espressione sia i suoi titoli, ordini, eccetera, sia il contegno sottomesso che gli altri tengono nei suoi confronti. Cariche, titoli e onorificenze sono espressioni della volontà di chi li concede che colui che li riceve venga onorato. Essi stanno all'onore in quanto tale come la cartamoneta sta alle monete d'argento: è ben vero che la banconota allevia comunque la fatica del contare, ma può essere buona o cattiva secondo lo stato della cassa che la distribuisce. In altre parole: i titoli onorifici sono tratte spiccate sull'opinione generale, il cui valore si fonda sul credito dei

1. Nel suo testo sulle ingiurie Weber intende per onore pubblico il rispetto che esige *la carica* stessa di giudice, eccetera [cfr. Adolph Dietrich Weber, *Über Injurien und Schmähschriften*, 3 parti, Schwerin-Wismar, 1798-1800, riedito nel 1811 e nel 1820].

traenti. L'opposto sono la pubblica dichiarazione d'infamia, il vilipendio dello stemma, la degradazione, la proscrizione, eccetera, in cui le cose stanno come sopra. E si sono verificati casi in cui neppure atti simili sono riusciti a ledere l'onore: fino a tal punto, infatti, esso è e rimane l'opinione in sé, non il suo segno esteriore, e costituisce un'entità essenzialmente immateriale. L'onore pubblico esige inoltre che chi lo possiede, con riguardo ai suoi colleghi e ai suoi successori, tenga alto il rispetto per la carica stessa, sia adempiendo puntualmente ai propri doveri, sia non lasciando impuniti gli attacchi contro di essa e sé medesimo in quanto la esercita, per esempio le insinuazioni secondo cui egli non svolgerebbe scrupolosamente il suo dovere, o non eserciterebbe il suo ufficio a vantaggio del bene comune.[1] Mediante la pena prevista dalla legge dimostrerà invece che quegli attacchi erano ingiusti.

Sottospecie sono l'onore pubblico del funzionario statale, del medico, dell'avvocato, di ogni insegnante pubblico e perfino di ogni laureato, in breve di chiunque sia stato qualificato mediante un atto pubblico a fornire una data opera intellettuale, e che proprio per questo si sia impegnato in prima persona in tal senso. In breve, è l'onore di tutti

1. (Ho inteso l'*onore pubblico* in un senso più ampio di quello abituale, in cui significa il rispetto dovuto dai cittadini alla carica pubblica come tale).

coloro che si sono assunti pubblicamente un impegno. Rientra in questo caso, perciò, anche il vero *onore militare*: esso esige che chi si è impegnato alla difesa della patria comune possegga realmente le qualità necessarie a tale scopo, quindi principalmente coraggio, ardimento e forza, e sia pronto davvero, anche a costo della vita, a difendere la patria e soprattutto quella bandiera che una volta ha giurato di non abbandonare per nulla al mondo.

c) *L'onore sessuale*

L'onore sessuale[1] si divide in onore femminile e onore maschile. Dato che nella vita

1. Cfr. *Taccuino*, par. 60 (1823): <L'onore sessuale, maschile e femminile, è un ben compreso *esprit de corps*, sostenuto non senza sacrifici dagli esponenti di entrambe le parti. L'*onore femminile* vuole che non si verifichi alcun concubito extraconiugale, giacché solo così il nemico (gli uomini) viene costretto alla capitolazione (il matrimonio); per questo ogni concubito extraconiugale, in quanto tradimento a favore del nemico, viene punito dal *corps* femminile con il disprezzo delle colpevoli e con l'espulsione dal *corps*. L'*onore maschile* esige che non si verifichi alcun adulterio, giacché solo così il nemico (le donne) viene costretto per lo meno a rispettare la capitolazione ottenuta (il matrimonio); per questo chiunque tolleri scientemente l'adulterio della moglie viene punito come traditore dal *corps* maschile con il disprezzo. Si spiega così perché un crimine da altri commesso disonori chi ne è vittima, come nel caso del *Medico del proprio onore* di Calderón; e si spiega anche perché una fanciulla venga disonorata da un torto che le viene fatto.> [A. Schopenhauer, *Der handschriftliche Nachlaß*, cit., vol. III, p. 164].

della donna la relazione sessuale è quella più importante, l'onore sessuale prioritario e più significativo è quello femminile. Esso consiste, riguardo a una fanciulla, nell'opinione generale altrui che ella non si sia concessa a nessun uomo, e, riguardo a una donna, che si sia concessa solo all'uomo che ha sposato. Per quanto concerne il sesso maschile, l'onore sessuale è l'opinione che un marito, non appena sarà venuto a conoscenza dell'adulterio della moglie, se ne separerà, e in genere la punirà quanto possibile.
Questa specie di onore ha molti caratteri che lo distinguono dagli altri due, e può essere derivato e compreso solo partendo dal comportamento proprio a ciascun sesso. Mentre il sesso femminile da quello maschile pretende e si aspetta tutto – ossia tutto ciò che desidera e di cui ha bisogno –, da quello femminile il sesso maschile esige in primo luogo ed esplicitamente una sola cosa. Per questo si dovette stabilire la convenzione che il sesso maschile può ottenere dal sesso femminile quell'unica cosa solo se in cambio si prende cura di tutte le altre: su tale convenzione si fonda il benessere dell'intero sesso femminile. Ed è per far valere questo stato di cose che il sesso femminile deve necessariamente essere unito, e avere quindi un *esprit de corps*: come un tutto così costituito esso fronteggia l'intero sesso maschile – che grazie alla preponderanza delle sue energie mentali e fisiche è per natura il detentore di tutti i beni terreni – e lo fronteggia per così dire come

il nemico comune, che deve essere vinto e conquistato affinché con il suo possesso si ottenga anche il possesso dei beni terreni. A ciò mira la massima d'onore dell'intero sesso femminile secondo cui all'altro sesso deve essere assolutamente negato ogni concubito extraconiugale, mentre va concesso quello matrimoniale – sia che il matrimonio venga contratto solo civilmente, come in Francia, sia che venga celebrato secondo il rito religioso –, di modo che ogni singolo sia costretto al matrimonio, il quale assomiglia così a una capitolazione. Soltanto in virtù di una generale osservanza di tale prassi il sesso femminile nel suo complesso può ottenere mediante il matrimonio il sostentamento di cui ha bisogno. Per questo esso vigila di persona sul mantenimento di tale *esprit de corps* fra i suoi membri. E per questo ogni fanciulla che con il concubito extraconiugale tradisca l'insieme del suo sesso – il quale, se un siffatto modo di agire si generalizzasse, vedrebbe andare in rovina il proprio benessere – ne viene immediatamente bandita e coperta di vergogna, cioè ha perso il suo onore: nessuna donna può più avere a che fare con lei, l'opinione generale le ha disconosciuto ogni valore, ed ella viene evitata come un'appestata. La stessa sorte tocca all'adultera, poiché ella non ha rispettato l'avvenuta capitolazione del maschio. Ma ciò finirebbe per scoraggiare gli uomini da quella capitolazione su cui si fonda la salvezza dell'intero sesso femminile, e che però, con la generalizzazione dell'adulterio, diverrebbe un gioco e una beffa. Per di più, a causa del suo grossolano mancare di parola e dell'inganno perpetrato con il suo comportamento, l'adultera perde con l'onore sessuale anche quello privato. È ben per questo che, con un'espressione indulgente, si dice «una fanciulla traviata», ma non «una moglie traviata».

Se dopo questa chiara visione si riconosce che il principio dell'onore femminile è un *esprit de corps* certo necessario e benefico, ma al tempo stesso ben calcolato e fondato sull'interesse, si attribuirà senz'altro a tale onore la massima importanza per l'esistenza della donna, e quindi un grande valore relativo, ma mai un valore assoluto superiore alla vita stessa e che sia perciò da acquisire a prezzo di essa. È impossibile quindi plaudire ai gesti esagerati di Virginio e Lucrezia. In questo caso, come spesso accade, ci si dimentica totalmente dello scopo a favore del mezzo. E così facendo si finisce per attribuire all'onore femminile un valore assoluto, mentre esso, più di ogni altro onore, ne ha uno soltanto relativo, anzi soltanto convenzionale (Melitta, Astarte di Babilonia, Erodoto), visto che in Paesi e in tempi in cui il concubinato era legittimo la concubina non perdeva l'onore,[1] e certe condizioni sociali possono addirittura rendere impossibile la forma esteriore del matrimonio. Anche le molte vittime di sangue che nel-

1. (Vedi Christian Thomasius, *De concubinatu* [Halle, 1713]).

l'infanticidio vengono sacrificate all'onore femminile testimoniano della sua origine non puramente naturale. Nondimeno una fanciulla che si concede illegittimamente infrange il vincolo di fedeltà che la lega all'intero suo sesso: ma tale vincolo è assunto in definitiva solo tacitamente, non sotto giuramento, e poiché di solito a soffrirne nel modo più immediato è il suo proprio tornaconto, ella risulta essere molto più folle che malvagia.
L'onore maschile è l'*esprit de corps* della parte maschile suscitato da quell'altro *esprit* della controparte femminile. Esso esige che chiunque abbia accettato quella capitolazione così favorevole alla controparte femminile, cioè il matrimonio, adesso per lo meno vigili affinché venga rispettata, per evitare che con il generalizzarsi di tale tolleranza anche questo *pactum* perda la sua saldezza, e gli uomini, nel momento in cui danno tutto, non siano più sicuri nemmeno di quell'unica cosa per cui hanno trattato, cioè il possesso esclusivo della donna. L'onore del marito esige quindi che egli punisca l'adulterio della moglie e se ne vendichi con la separazione o altro; se invece lo tollera scientemente, allora viene coperto di vergogna dal *corps* maschile. Ciò tuttavia non avviene in termini così drastici come nel caso del sesso femminile, giacché nell'uomo la relazione sessuale ha un ruolo subordinato, ed egli intrattiene molte altre relazioni del tutto diverse. La salvezza dell'onore maschile è il tema del dramma di Calderón *Il medico del proprio onore*. Va notato che

esso in realtà esige solo la punizione della donna, non del suo amante: ciò dimostra appunto la sua origine dall'*esprit de corps* maschile, e conferma la precedente massima n. 6 secondo la quale il nostro onore può venire rafforzato e mantenuto solo dal nostro comportamento, e non invece dall'ingiustizia che un altro può commettere verso di noi. La necessità di castigare la donna, la cui trasgressione, se impunita, disonora l'uomo, non contravviene a ciò, perché tale necessità ha origine dal suddetto *esprit de corps*, cioè da una considerazione di tipo affatto particolare, e perché per l'uomo la vergogna non è l'adulterio della donna in quanto tale, ma il fatto che egli lo tolleri.

d) *L'onore nazionale*

Per amore di completezza può essere ancora menzionato l'*onore nazionale*,[1] cioè l'onore di un intero popolo come parte della grande comunità dei popoli, dunque considerato all'interno di essa come individuo. I suoi princìpi sono gli stessi, da un lato, dell'onore privato, dall'altro, di quello cavalleresco.[2] Questo onore va giustificato in riferimento agli Stati, poiché essi non hanno altra difesa.[3]

1. Da collocare all'ultimo posto.

2. Cfr. *Pandectae*, p. 183 [si tratta di una pagina inedita, non compresa nell'edizione Hübscher: Schopenhauer propone in essa una breve riformulazione dei princìpi fondamentali dell'onore, con la relativa distinzione tra onore privato e onore cavalleresco].

3. È falso.

e) *L'onore dell'umanità*

Per *onore dell'umanità* si intende l'opinione che le gesta dei singoli dovrebbero suscitare circa gli uomini nella loro totalità agli occhi di un immaginario osservatore posto al di fuori di essa. Ha l'unico svantaggio che, mentre le macchie di ogni onore individuale vengono cancellate dalla morte, quelle dell'umanità rimangono: per esempio l'esecuzione di Socrate, la crocefissione di Cristo, l'assassinio di Enrico IV, l'Inquisizione, il commercio degli schiavi.

II

DELL'ONORE SECONDO LA FOLLIA[1]
[L'ONORE CAVALLERESCO]

1. *Difficile est satiram non scribere* [«È difficile assai non scriver satire!», Giovenale, *Satire*, I, 1, v. 30].

Per ultimo, e separato da ogni altro, resta da considerare un genere del tutto particolare di onore, i cui princìpi peculiari non solo differiscono completamente da quelli dell'onore finora esaminato (e comprendente più generi), ma anzi in parte sono il loro esatto opposto. Pertanto esso può venire definito un *falso onore*, giacché vediamo che i suoi princìpi non scaturiscono, come i precedenti, da una giusta ragionevolezza che abbia di mira la necessità e il valore di una fiducia generale, bensì da una manifesta irragionevolezza. In ultima analisi risulterà che il fondamento di tutte le sue massime non è, come accadeva prima, la ragione, bensì l'animalità, ovvero la brutalità.[1]

1. Vedi *In-quarto* (1825), par. 86: <Il principio dell'*onore* e del coraggio consiste propriamente nel considerare piccoli i mali più grandi, se sono causati dal destino, e invece grandi anche i più piccoli, se sono causati dagli uomini. Si deve restare indifferenti alla perdita di denaro, di beni, di membra del corpo, e non si deve battere ciglio nemmeno di fronte al più grande dolore, finché tutto ciò è opera del caso, della natura o di animali; ma si deve considerare come *summum malum* una parola pesante, o addirittura un colpo, e non darsi pace fino a quando non li si sia vendicati con l'uccisione. *Quelles bamboches!*> [A. Schopenhauer, *Der handschriftliche Nachlaß*, cit., vol. III, p. 224].

Questo genere di onore è l'*onore cavalleresco*, ossia il *point d'honneur*. E se il vero onore, quello di cui s'è trattato finora, si trova e vale in tutti i tempi e presso tutti i popoli della terra, sia pure con piccole varianti dovute alle circostanze locali e temporali, quest'altro invece è limitato all'Europa cristiana, all'epoca che ha inizio con la nascita della cavalleria, e a un numero ristretto di ceti, quindi a una minoranza relativamente molto esigua dell'umanità. Inoltre, mentre le leggi degli Stati favoriscono in tutti i modi quel primo onore universalmente valido, quest'altro ne viene ovunque contrastato, purtroppo con esiti assai deludenti, poiché è ben difficile spaventare con le minacce gente che si gioca la propria vita, e poiché le leggi possono attaccare solo l'effetto e non la causa del male, la quale consiste appunto nel venerare quel codice di princìpi che ora esporrò con concetti chiari, in termini concisi ma espliciti, come forse non è mai stato fatto.

Ecco dunque i princìpi del codice cavalleresco: riporto per primi quelli che sono in aperta contraddizione con le massime del codice considerato in precedenza, mentre pongo all'ultimo posto i princìpi fondamentali veri e propri, in modo da giungervi secondo un ordine ascendente. In questo codice seguo quindi il metodo analitico, mentre nel primo ho seguito quello sintetico (*c'est assez superfin*).

Contra 1. L'onore *non* è l'opinione generale – e comunque non è affatto l'*opinione* – che gli altri hanno del nostro valore, ma consiste ed esiste *unicamente* nelle *esternazioni*, anche nella singola esternazione di tale opinione, senza considerare se l'opinione esternata esista davvero oppure no, e ancora meno se abbia un fondamento. Dunque gli altri possono avere di noi, in conseguenza della nostra condotta di vita, un'opinione anche pessima, possono pure disprezzarci di tutto cuore, ma fintanto che nessuno si azzarda a dichiararlo apertamente ciò non nuoce affatto all'onore; viceversa, per quanto noi con le nostre qualità e le nostre azioni costringiamo tutti gli altri a tenerci in grandissima stima (giacché per fortuna ciò non dipende dal loro arbitrio), è sufficiente tuttavia che uno,[1] con una sola parola, dichiari il suo disprezzo – magari del tutto infondato – nei nostri confronti, per far sì che il nostro onore ne risulti ferito e vada perso per sempre qualora non venga ristabilito. Una prova superflua del fatto che ciò dipende *non* dall'*opinione*, ma esclusivamente dalle *esternazioni* degli altri, è che le dichiarazioni oltraggiose posso-

1. [*Seguiva il passo, poi cancellato*:] fosse anche la persona più malvagia e stupida (purché non abbia peccato contro le leggi dell'onore cavalleresco), in barba a quella costrizione interiore dichiari apertamente [il suo disprezzo...].

no venire *ritrattate*, dopodiché è come se non fossero mai state proferite: se poi sia mutata anche l'opinione da cui erano scaturite, e per quale motivo tale mutamento avrebbe avuto luogo, è questione che non viene ulteriormente appurata – semplicemente, l'esternazione viene annullata, e così tutto si sistema.

MASSIMA N. 2

Contra 6. L'onore di un uomo non si basa su ciò che egli *fa*, ma su ciò che *subisce*, su ciò che gli accade. E mentre secondo i princìpi dell'onore illustrato in precedenza l'onore di ciascuno dipende da quanto egli stesso dice o fa, l'onore cavalleresco dipende invece da quel che dice e fa un qualsiasi altro: esso è quindi in mano, anzi, sulla punta della lingua di chiunque, e se costui approfitta dell'occasione può venire riconquistato soltanto con una riabilitazione da indicare subito, e ciò mettendo a rischio la propria vita, la propria libertà e i propri beni. Di conseguenza, per quanto nobile e probo sia il comportamento di un uomo, per quanto puro sia il suo animo, e lucida e acuta la sua mente, nondimeno il suo onore può andare perduto in ogni istante, non appena cioè a chicchessia passi per la testa di oltraggiarlo, purché costui fino a quel momento non abbia infranto le leggi dell'onore, fosse anche per il resto la persona più malvagia e stupida – e nella maggior parte dei casi sarà più o meno così, poiché *ut quisque contemtissimus et ludibrio est, ita solutissimae linguae est* [«uno ha la lingua tanto più sciolta, quanto più è disprezzato e messo lui stesso in ludibrio»; citato liberamente da Seneca, *Della costanza del saggio*, 11, 3]. Se quello lo ha oltraggiato attribuendogli una qualche qualità negativa, ciò viene ritenuto immediatamente un giudizio obiettivo, un decreto valido, che rimane vero e in vigore a meno che non venga lavato col sangue; altrimenti l'oltraggiato è e resta ciò che quel tale (fosse anche l'ultima creatura della terra) ha detto che è, poiché egli «se l'è lasciato dire» (questa è l'espressione calzante). Ma ora quell'altro può fare ancora di più, può – Dio ne scampi! – assestargli un colpo. Oh, che terribile pensiero! Un colpo è infatti il male più grande del mondo, il *summum malum*, peggiore della morte e della dannazione:[1] al solo pensiero di venire colpito, un cavaliere sente accapponarsi la pelle e rizzarsi i capelli. Ma, Dio mio, in un codice così sacro ci tocca menzionare questo che è il più terribile dei mali, la vergogna delle vergogne! Un colpo è un disonore mortale così completo che, se altre offese all'onore possono ancora essere lavate col sangue, questa per essere lavata esige un colpo mortale completo.[2]

1. della dannazione] dell'inferno e del diavolo.

2. So benissimo quanto sia universalmente diffusa la ferma convinzione che un colpo sia qualcosa di atroce,

Contra 7. L'onore non ha niente a che fare, grazie a Dio, con ciò che l'uomo è in sé e per sé, né si chiede se egli possa o meno cambia-

e mi sono sforzato di trovare per essa, nella natura sia animale che razionale dell'uomo, una qualche ragione sostenibile, o almeno plausibile, ma comunque riconducibile a concetti chiari. Invano. Il colpo è e rimane un piccolo male fisico che ogni uomo può provocare all'altro, e con cui si dimostra soltanto che egli era il più forte, o il più abile, oppure che l'altro non stava in guardia. L'analisi non dà ulteriori risultati. Vedo il medesimo cavaliere, al quale un colpo vibrato da mano umana appare la più atroce delle sventure, ricevere dal suo cavallo un colpo dieci volte più forte e – non appena siano escluse conseguenze più gravi – dichiarare insignificante l'accaduto. Penso allora che possa dipendere dalla mano umana. Sennonché, vedo il mio cavaliere ricevere in battaglia da quella mano stoccate e sciabolate, e assicurare che si tratta di una piccolezza, da non prendersi nemmeno in considerazione. Poi apprendo che perfino una piattonata con la spada è di gran lunga meno grave di una bastonata. A questo punto le mie ragioni morali e psicologiche vengono meno, e non mi resta che ritenere la questione una vecchia superstizione, estremamente ottusa e saldamente radicata, simile a quella che dichiara disgrazie l'essere in tredici a tavola, il venerdì, il gatto nero che attraversa la strada, e così via. Tanto più che, come vedo, in Cina i colpi inferti con una canna di bambù sono una punizione civile molto frequente. La natura umana, anche quella completamente civilizzata, non reagisce dunque in modo uniforme. Ma quella superstizione potrebbe avere avuto la sua prima origine in menti di specie talmente inferiore, che il vero onore ci fa davvero un bel guadagno a seguirle. E poi ci sono già tanti mali veri, che ci si dovrebbe guardare dall'aggiungervi mali immaginari.

re, e sottigliezze simili: se viene offeso, può essere ristabilito immediatamente e completamente con un unico mezzo universale, il duello.[1] Se però chi ha offeso il nostro onore non appartiene ai ceti che si riconoscono di preferenza nel *codex* dell'onore cavalleresco, o se ha già agito contro di esso, o se comunque si può supporre che non lo rispetterebbe, allora, soprattutto se nell'oltraggio si dovesse essere passati a vie di fatto,[2] si può andare per le spicce e, avendo armi a portata di mano, ucciderlo sul posto. Così l'onore è di nuovo salvo. Ma se, per timore delle seccature che ne possono derivare, si vuole evitare questa soluzione estrema, o semplicemente non si sa bene se, e in quale misura, l'offensore si sottometta alle leggi del presente *codex*, allora un palliativo è l'*avantage*, che consiste in questo: se l'altro è stato villano, esser-

1. Le cui leggi e il cui *modus procedendi* sono fin troppo noti perché si debba ricordarli qui. Dunque proseguo. [*Seguiva il passo, poi cancellato*:] Questa eccellente invenzione, sconosciuta a tutti i popoli orientali, Cinesi, Indù e Turchi, era ignota anche ai Greci e ai Romani, poiché il fatto che essi costringessero gli schiavi e i condannati a morte a battersi in duello nell'arena è pur sempre diverso, in ragione dello scopo e del rango dei protagonisti; questa bella invenzione deriva dunque dalla nobile epoca della cavalleria, nella quale valeva in origine come giudizio divino.

2. (Non è necessario in assoluto che si sia passati a vie di fatto: nel 1808, a Wiesbaden, durante un ballo degli ospiti della stazione termale vidi con i miei occhi un ufficiale prendere a sciabolate un funzionario che non lo aveva ancora toccato).

lo ancora di più; se non ce la si può cavare con gli insulti, colpire. Anche qui c'è un *climax* della riabilitazione: i ceffoni si curano con le bastonate, e queste con le staffilate, contro le quali, infine, alcuni raccomandano come efficace lo sputo. Solo se con questi mezzi non si ottiene l'effetto desiderato si deve passare a operazioni cruente. Questo metodo palliativo si fonda in realtà sulla massima seguente.

MASSIMA N. 4

La *villania* è una qualità che, nelle questioni d'onore, supera e soppianta ogni altra. Se per esempio, durante una discussione o un colloquio, un altro dimostra una cognizione di causa più esatta, un amore della verità più rigoroso e un giudizio più sano rispetto a noi, o comunque una superiorità intellettuale che ci mette in ombra, possiamo eliminare subito questa e ogni altra superiorità, nonché la nostra stessa pochezza messa così a nudo, e viceversa essere noi superiori, diventando villani: una villania prevale e ha la meglio su ogni argomento, e a meno che il nostro avversario non replichi con una villania ancora maggiore, impegnandoci nella nobile tenzone dell'*avantage*, siamo noi i vincitori, l'onore è dalla nostra parte, e la verità, la conoscenza, lo spirito e l'ingegno debbono fare fagotto, una volta sconfitti e messi in scacco

dalla divina villania. Per questo gli uomini d'onore, non appena qualcuno avanzi anche una sola opinione differente dalla loro, la quale magari minacci di rivelarsi più giusta, si accingono subito a inforcare quel loro cavallo di battaglia, ponendosi senza indugio nell'atteggiamento richiesto.[1]
Questa massima si basa a sua volta sulla seguente, che è la vera e propria massima fondamentale, nonché l'anima dell'intero *codex*.

MASSIMA N. 5

La suprema autorità in questioni d'onore, alla quale ci si può appellare in tutte le controversie con ogni altro, chiunque egli sia, è la *superiorità fisica, cioè l'animalità*. Ogni villania è in realtà un appello all'animalità, in

1. [Scrive Schopenhauer negli *Appunti di viaggio*, par. 42 (1820): «Se per una volta cediamo alla tentazione di far comprendere agli altri, anche solo in modo affatto garbato e sommesso, qualcosa che li colpisce per *la pertinenza e la puntualità dell'osservazione*, essi (poiché difettano in loro le condizioni soggettive e in noi quelle oggettive affinché ci possano ripagare con la stessa moneta) ribatteranno quasi sempre qualcosa che offende con la *villania dell'espressione*. Così, in base al saggio principio del *point d'honneur*, non solo la questione è del tutto pareggiata, ma anzi essi sono addirittura in vantaggio, mentre noi siamo coperti di vergogna, che possiamo lavare solo col sangue. Grazie a questo principio dell'onore la stupidità si è resa davvero un buon servizio!» (A. Schopenhauer, *Der handschriftliche Nachlaß*, cit., vol. III, p. 14)].

quanto dichiara incompetente la contesa delle forze intellettuali o del diritto morale, nonché il deciderne mediante ragioni, e mette al suo posto la lotta delle forze fisiche, che nel caso della specie «uomo» – il quale secondo Locke è un *tool-making animal* [animale fabbricatore di strumenti][1] – si attua nel duello con le armi che le sono proprie, pervenendo così a una decisione irrevocabile. In base a questa massima fondamentale, che è una variante di ciò che si definisce ironicamente «diritto del più forte», l'onore cavalleresco potrebbe essere definito in modo del tutto appropriato «*onore del più forte*»:[2] esso è un frammento di quel diritto del più forte in vigore nel Medioevo, che si è scandalosamente smarrito nel diciannovesimo secolo.

MASSIMA N. 6

Se in precedenza abbiamo trovato che la società civile è molto scrupolosa in fatto di mio e tuo, di impegni assunti e di parola data, al contrario il *codex* cavalleresco mostra in proposito la più nobile liberalità. Infatti, a

1. [L'espressione non è di Locke, ma di Benjamin Franklin, come Schopenhauer rettifica in *Parerga e paralipomena*, vol. I, a cura di Giorgio Colli, Adelphi, Milano, 1981, p. 505].

2. [L'ironia si percepisce meglio in tedesco poiché l'espressione impiegata da Schopenhauer, *Faust-Recht*, «diritto del più forte», significa alla lettera «diritto del pugno», e quindi *Faust-Ehre* è alla lettera l'«onore del pugno»].

una sola parola non si può mancare, a quella d'onore, cioè alla parola che è stata accompagnata dall'esclamazione: «Sul mio onore!» – la qual cosa lascia presumere che si possa mancare a ogni altra parola. E anche in caso di violazione della parola d'onore, si può ancora salvare l'onore, se necessario, ricorrendo al mezzo universale, cioè al duello con coloro che sostengono che avremmo dato la parola d'onore. Inoltre, c'è *un solo* debito che va assolutamente pagato, il debito di gioco, mentre con altri debiti e con il loro mancato pagamento si possono gabbare ebrei e cristiani: ciò non causa il minimo danno all'onore cavalleresco.[1]

Questo sarebbe dunque il codice.[2] A tal punto risultano bizzarri e grotteschi, se formulati in concetti precisi ed espressi con chiarez-

1. Poiché vi sono persone che fraintendono tutto, debbo aggiungere – cosa per altri superflua – che qui, e in tutto ciò che ho detto, si tratta sempre e soltanto dell'onore cavalleresco *in abstracto*, non delle persone che gli rendono omaggio, e quindi uno che per pregiudizio osserva l'onore cavalleresco può al tempo stesso attenersi altrettanto rigorosamente al suo onore privato, e in base a esso orientarsi circa il punto in esame; il che, per fortuna, accade di frequente.

2. La sua tendenza di fondo è questa: con la minaccia della violenza fisica si vuole ottenere a forza l'attestato esteriore di quel rispetto la cui acquisizione è ritenuta o troppo laboriosa o superflua; il che è esattamente come se qualcuno, scaldando con la mano il bulbo del termometro, volesse dimostrare in base al salire del mercurio che la sua stanza è molto ben riscaldata.

za, quei princìpi a cui ancora oggi, nell'Europa cristiana, rendono regolarmente omaggio tutti gli appartenenti alla cosiddetta buona società e al cosiddetto *bon ton*. Anzi, molti di coloro ai quali siffatti princìpi sono stati inculcati con discorsi ed esempi fin dalla prima giovinezza credono fermamente in essi come in una sorta di catechismo, nutrono per essi il rispetto più profondo e sincero, sono pronti in ogni istante e in tutta serietà a sacrificare loro la felicità, la tranquillità, la salute e la vita,[1] e ritengono che quei princìpi affondino le radici nella natura umana, e quindi siano innati e sussistano *a priori*, al di là di ogni verifica. Per quanto mi riguarda, non voglio offendere i sentimenti di queste persone, ma debbo dire che tutto ciò fa po-

1. Più di una volta si è persino visto che persone alle quali era assolutamente impossibile ristabilire con il duello l'onore cavalleresco ferito a causa del lignaggio troppo elevato dell'avversario, o troppo umile, o quale che fosse, hanno volontariamente posto fine alla propria vita, poiché non vedevano come poter continuare a vivere senza l'onore cavalleresco. Sono le tristissime vittime di un pregiudizio che hanno precocemente assimilato in mancanza di una propria capacità di giudizio. Ma non sarebbe auspicabile che, come ai giorni nostri la polizia e la giustizia sono quasi riuscite a ottenere che un furfante qualsiasi non possa più intimarci per strada «O la borsa o la vita», allo stesso modo, correggendo la mentalità, si ottenesse che nel nostro docile e pacifico vivere un furfante qualsiasi non possa più intimarci «O l'onore o la vita»? – Ma proseguiamo le nostre considerazioni. Tutti quegli ortodossi cavallereschi...

co onore alla loro intelligenza. Non v'è quindi categoria a cui questi princìpi siano meno adatti che a quella destinata a rappresentare l'intelligenza sulla terra, a divenire il sale della terra, e che deve dunque prepararsi a questa grande professione: insomma a quella gioventù studentesca che in Germania purtroppo rende omaggio a tali princìpi più di ogni altro gruppo sociale. Ora, anziché rammentare con calore a questa gioventù gli svantaggi o l'immoralità delle conseguenze dei suddetti princìpi – come fece una volta, quando anch'io ero studente, in una *declamatio ex cathedra* il pessimo filosofastro Johann Gottlieb Fichte, che il mondo dotto tedesco continua a scambiare con la massima serietà per un filosofo –, mi limiterò a dirle quanto segue: voi, con la vostra giovinezza, che ebbe come tutrice la lingua e la sapienza dell'Ellade e del Lazio, e sulle cui giovani menti ci si è presi l'inestimabile cura di lasciar cadere precocemente i raggi della luce dei sapienti e dei nobili della bella antichità, voi vorreste cominciare eleggendo a norma della vostra condotta di vita questo codice dell'irragionevolezza e della brutalità? Guardate come vi si presenta qui, una volta che lo si sia formulato in concetti chiari, nella sua miseranda limitatezza, e lasciate che sia la pietra di paragone non del vostro cuore, ma del vostro intelletto! Se non lo rigettate adesso, allora la vostra mente non è adatta a lavorare in un campo che esige come requisiti necessari un'energica capacità di giudizio, che spezzi con facilità i vincoli del pregiudizio, e un intelletto davvero pronto, che sappia separare nettamente il vero dal falso anche là dove la differenza giaccia nascosta in profondità, e non stia, come qui, davanti agli occhi. Ma se le cose stanno così, miei cari, cercate di cavarvela nel mondo in un altro modo che sia onesto, diventate soldati, o imparate un mestiere, che è una preziosa risorsa.

Come ho detto in precedenza, i seguaci del codice d'onore ritengono che i suoi princìpi siano scaturiti dalla natura umana e siano quindi innati. Di fronte a una simile affermazione, come di fronte al sacro timore e rispetto con cui perfino canuti sostenitori di quel principio d'onore spesso ne menzionano le leggi, non può non sorridere chiunque conosca un poco i Greci e i Romani, nonché gli antichi e coltissimi popoli asiatici e gli Orientali di oggi, in breve chiunque conosca dell'umanità un po' più che gli ultimi secoli, che si stanno sottraendo alle tenebre del Medioevo, in questo decimo cristiano della terra abitata. Tutti quei popoli non seppero né sanno nulla di tale onore e delle sue massime, e non conoscono altro onore che quello da noi analizzato per primo. In tutti, l'uomo vale per ciò che di lui si manifesta nel suo comportamento, e non per ciò che un individuo qualsiasi potrebbe dire di lui; in tutti, ciò che uno dice e fa può senza dubbio distruggere il suo onore, ma non quello di un altro, e in tutti un colpo resta sempre e soltanto un colpo, come quello, più pericoloso, che può assestare qualsiasi cavallo o asino: un colpo che a seconda delle circostanze potrà pure suscitare l'ira, ma che non ha nulla a che vedere con l'onore. E tutti quei popoli hanno anch'essi guerrieri, e non sono meno valorosi di noi; i Greci e i Romani, direi, furono anche loro soldati e veri eroi, ma non sapevano nulla del *point d'honneur*: per essi il duello non era affare dei nobili del loro popolo, ma di gladiatori assoldati, di schiavi abbandonati alla loro sorte e di delinquenti condannati, che, alternandosi a belve feroci, venivano aizzati gli uni contro gli altri per il divertimento del volgo.[1] Quando una volta un capo teutonico sfidò Mario a duello, questi gli mandò a dire che «se era stanco di vivere, poteva andare a impiccarsi», e gli offrì pure un piccolo gladiatore decrepito con cui poter azzuffarsi (*Freinshemii supplementum in locum Livii libri* LXVIII, cap. 12, vol. VIII, p. 331).[2] Quanto perfino i

1. [Annota Schopenhauer negli *Appunti di viaggio*, par. 144 (1822?): «Al posto degli *spettacoli di gladiatori*, soppressi con l'avvento del cristianesimo, in epoca e in terra cristiana subentrò *il duello*. Se quelli erano un crudele sacrificio offerto da schiavi e prigionieri al divertimento collettivo, questo è un crudele sacrificio offerto da liberi e nobili al pregiudizio collettivo» (A. Schopenhauer, *Der handschriftliche Nachlaß*, cit., vol. III, p. 59)].

2. [Schopenhauer si riferisce ai supplementi contenuti nell'edizione di Tito Livio da lui utilizzata: *Historiarum libri qui superstunt.* Ex recensione Drakenbor-

loro più grandi eroi fossero ignari del terribile significato del colpo è dimostrato inoltre da ciò che Plutarco narra di Temistocle: durante un consiglio di guerra questi si trovò in disaccordo con Euribiade, il comandante della flotta, circa le misure da prendere, e la mordace contesa verbale fra i due si scaldò a tal punto che Euribiade alzò il bastone per colpire Temistocle, il quale non accennò nemmeno a metter mano alla spada bensì disse: «Bastonami pure, ma stammi a sentire».[1] Invano il lettore «d'onore» si attende a questo punto di apprendere da Plutarco che, in seguito a tale fatto, nessun ufficiale volesse più servire sotto Temistocle: a nessuno venne in mente un'idea simile.

E che cosa non facevano i filosofi in quei tempi senza onore! Quando un tale assestò un calcio a Socrate perché non gradiva il suo moraleggiare, questi lo sopportò pazientemente, e a chi se ne stupiva disse: «Se mi avesse scalciato un asino, lo avrei forse trascinato in giudizio?» (Diogene Laerzio, *Vite dei filosofi*, II, 5, 21). E allorché uno disse a Socrate: «Non ti pare che quel tale ti insulti e ti oltraggi?», la sua risposta fu: «No, le cose che dice non mi toccano» (Diogene Laerzio, *Vite dei filosofi*, II, 5, 36).

chii cum integris Freinshemii supplementis. Praemittitur vita ab Jac. Phil. Tomasino conscripta cum notitia literaria. Accedit index stud. Societatis Bipontinae, 13 voll., Biponti, 1784-1786, 8°].

1. [Πάταξον μὲν οὖν, ἄκουσον δέ, Plutarco, *Vita di Temistocle*, in *Vite parallele*, 11, 20].

Cratete aveva irritato con le sue frecciate il musico Nicodromo, che gli assestò un tale ceffone da fargli tumefare e sanguinare il viso; egli fissò allora sulla propria fronte, sopra la guancia colpita, una tavoletta su cui era scritto: Νικόδρομος ἐποίει, *Nicodromos fecit* (Diogene Laerzio, *Vite dei filosofi*, VI, 5, 89), esattamente come accanto alle opere d'arte si indica il nome dell'autore; e se ne andò in giro così, in modo che ognuno potesse vedere l'infamia del musico che aveva commesso una simile brutalità contro un uomo che (secondo l'espressione di Apuleio, *Florida*, 4) era venerato come un semidio, un *lar familiaris*.
Altrettanto fece Diogene quando venne percosso da alcuni giovani essendosi presentato mal rasato al loro banchetto. Su questo fatto ci è pervenuta anche una lettera di suo pugno indirizzata a Melesippo nella quale si legge: «Sento che ti rattristi perché i figli ubriachi degli Ateniesi mi hanno bastonato, e te la prendi a cuore come se fosse stata maltrattata la saggezza. Ma sappi che, se è vero che il corpo di Diogene è stato percosso da ubriachi, la sua virtù non ne è stata oltraggiata, poiché da gente spregevole non si può essere né onorati né oltraggiati». Nell'originale: Ἤκουον δὲ λελυπῆσθαι, ὅτι τὰ Ἀθηναίων τέκνα πληγὰς ἡμῖν ἐνέτεινι μεθύοντα, καὶ δεινὰ πάσχειν, εἰ σοφία πεπαρώνηται. εὖ δ' ἴσθι ὅτι τὸ Διογένους μὲν ἐπλήχθη σῶμα ὑπὸ τῶν μεθυόντων, ἀρετὴ δὲ οὐκ ᾐσχύνθη.

ἐπεί μήτε κοσμεῖσθαι πέφυκεν ὑπὸ φαύλων, μήτε αἰσχύνεσθαι, eccetera. Diogene, *Epistola ad Melesippum*, in *Notae* di Isaac Casaubon a Diogene Laerzio, *Vite dei filosofi*, VI, 33 (ed. [Marcus] Meibomius, [apud Henricum Wetstenium], Amstelaedami, 1692).[1]

Come si vede, i buoni antichi ritenevano che la parola e l'azione possano recare onore o vergogna sempre e soltanto a colui dal quale provengono, e a nessun altro. In ciò essi concordano con un arguto autore italiano nostro contemporaneo, Vincenzo Monti, il quale sostiene che le ingiurie sono simili alle processioni religiose: ritornano sempre al punto da cui erano partite.

Ma poiché i contrari si chiariscono a vicenda, vogliamo ora richiamare quale *pendant* – e per uomini «d'onore» quale antidoto – un esempio che illustra come la medesima faccenda venga affrontata oggi, nella nostra illuminata e raffinata epoca.

Un autentico pezzo da collezione del genere, un modello per tutti gli uomini «d'ono-

1. [Schopenhauer utilizzava l'edizione delle *Notae* di Casaubon stampata in 2 voll. da C.F. Koehler a Lipsia: *Isaaci Casauboni Notae atque Aegidii Menagii Observationes et emendationes in Diogenem Laertium. Addita est Historia mulierum philosopharum ab eodem Menagio scripta. Editionem ad exemplar Wetstenianum expressam atque indicibus instructam curavit Henricus Gustavus Huebnerus Lipsiensis*, C.F. Koehlerus, Lipsiae, 1830-1833. Schopenhauer possedeva anche l'edizione delle *Vite dei filosofi* di Diogene Laerzio pubblicata dallo stesso editore in 2 voll., con testo greco e traduzione latina, nel 1828-1831].

re», ce lo offre l'eccellente Diderot nel suo geniale capolavoro[1] *Jacques le Fataliste et son Maître*.[2]
Due uomini d'onore, uno dei quali si chiamava Desglands, fanno la corte alla stessa dama. Un giorno le siedono di fronte a tavola, l'uno accanto all'altro, e Desglands si dà da fare con una conversazione animatissima, per attirare su di sé l'attenzione della dama, ma lei, distratta, non sembra udirlo, mentre il suo sguardo torna sempre a posarsi sul suo rivale. Allora la mano di Desglands, che proprio in quel momento stringe un uovo fresco, per effetto della gelosia si contrae morbosamente facendo esplodere l'uovo, il cui contenuto schizza in faccia all'altro. Ma non appena la mano di questi accenna a muoversi, Desglands l'afferra, sussurrandogli all'orecchio: «Monsieur, è come se l'avessi ricevuto». A queste parole, nella compagnia si fa un gran silenzio. Il giorno successivo, Desglands compare con una larga benda nera e rotonda sulla guancia destra. Ne segue il duello: l'avversario è ferito in modo grave, ma non mortale. Desglands rimpicciolisce un poco la sua benda. Dopo che l'avversario si è ristabilito, un secondo duello: Desglands ha di nuovo la meglio, e riduce ancora la ben-

1. geniale capolavoro] incomparabile, immortale dialogo.

2. [*Seguiva il passo, poi cancellato*:] (anche se la storia fosse inventata, essa caratterizza ugualmente nel migliore dei modi lo spirito di tale sedicente onore).

da. La cosa si ripete cinque o sei volte: dopo ogni duello Desglands rimpicciolisce il medicamento, finché l'altro ci lascia la pelle.[1] O nobile spirito dell'antica età dei cavalieri![2] Ma ora, ironia a parte: chi, confrontando questa tipica storia con quelle sopra riportate, non sarà costretto a dire, qui come in parecchie altre occasioni, «com'erano grandi gli antichi, e come sono piccini i moderni!»?

Spero che in base a quanto detto finora risulterà sufficientemente accertato che il principio dell'onore cavalleresco non può essere originario, cioè nato dalla natura umana stessa. Ma da dove proviene allora? Evidentemente è un parto del tempo in cui si usavano i pugni più che il giudizio, il tempo in cui la pretaglia era riuscita a soggiogare e obnubilare completamente la ragione: l'oscuro Medioevo, l'epoca della cavalleria. È noto che allora casi giudiziari difficili venivano decisi mediante ordalie e giudizi divini: per le donne consistevano nella prova dell'acqua, del ferro rovente, eccetera, mentre per gli uomini nel duello, non solo fra cavalieri, ma anche fra comuni cittadini (ne dà un bell'e-

1. [Cfr. Denis Diderot, *Jacques le Fataliste et son Maître*, in *Œuvres*, a cura di André Billy, La Pléiade, Gallimard, Paris, 1951, pp. 685-90].

2. [«O edler Geist der alten Ritterzeit!». Schopenhauer traduce così il verso di Ludovico Ariosto: «Oh gran bontà de' cavalieri antichi!» (*Orlando furioso*, I, v. 22)].

sempio Shakespeare, *Enrico VI*, parte seconda, atto II, scena 3). Per lo più, contro ogni giudizio ci si poteva ancora appellare al duello, di modo che sul seggio del giudice, invece della ragione, venivano poste la forza e la destrezza fisica, dunque l'animalità, e circa il giusto e l'ingiusto non decideva ciò che ciascuno aveva fatto, ma ciò che aveva subito, in perfetto accordo con il principio del *point d'honneur.*

AGGIUNTA

Il mio tema, l'onore inteso in senso oggettivo e secondo il suo concetto, è stato trattato. Le varie concezioni soggettive dell'uno o dell'altro genere di onore non mi riguardano, ma poiché, spendendo poche parole, penso di poter confutare un errore molto frequente relativo all'ultima parte della mia esposizione, aggiungo quanto segue. Molti di coloro che capiscono assai bene l'assurdità del principio dell'onore cavalleresco, e tra sé e sé la riconoscono anche, sono tuttavia dell'opinione che esso sia un male necessario, giacché altrimenti non sarebbe più possibile salvaguardare la raffinatezza dei costumi nella buona società.

Non voglio servirmi dell'argomento storico che anche ad Atene, Corinto e Roma esisteva senza dubbio una buona società, quantunque in essa non fossero certo *le donne*, come da noi, a detenere la presidenza, il che può avere contribuito a far sì che nella nostra buona società il coraggio abbia acquisito un rango superiore a ogni altra qualità.

Ma entriamo subito nel vivo della questione. La mia ipotesi è questa: non appena il codice d'onore cavalleresco non fosse più valido, e quindi nessuno potesse evitare di attribuire qualcosa a un altro con l'oltraggio, cioè di togliere qualcosa all'onore di costui o di restituirlo al proprio, e altresì ogni ingiustizia, rozzezza e villania non potessero più venire subito legittimate dalla disponibilità a dare soddisfazione, cioè a battersi per questo, allora ognuno si renderebbe conto anche del fatto che con l'oltraggio, l'ingiustizia, la rozzezza e la villania egli turba palesemente il suo onore reale e naturale – quello riposto nell'*opinione*, che non è arbitraria (e non nelle esternazioni, che sono arbitrarie) –, in quanto ogni suo comportamento potrebbe influire sempre e soltanto sul suo onore e giammai su quello altrui. Da quel momento ciascuno si guarderebbe dall'oltraggiare come ora si guarda dall'essere oltraggiato, e la volontà di ribattere e superare l'eventuale offesa altrui con una ancora maggiore gli passerebbe tanto poco per la mente quanto poco ora, se al mercato, per un urto accidentale qualsiasi, ci tiriamo addosso gli improperi più veementi di una fruttivendola o di una pescivendola, facciamo qualcosa di diverso dal sorridere della sua volgarità. Allora ciascuno (come diceva Demostene) si guarderebbe bene, in ogni circostanza, dallo scendere su questo campo di battaglia, nel quale il vinto è evidentemente il vincitore. Inoltre, se non venissimo più educati nella folle idea secondo cui un insulto è un'offesa all'onore, tale insulto non

offenderebbe più la suscettibilità, come succede ora, ma ricadrebbe immediatamente su colui che ne ha fatto uso, il quale dunque avrà offeso solo se stesso.
Ora, giacché in tal modo – com'è naturale e ragionevole – l'onore di ciascuno sarebbe direttamente posto nelle sue mani, egli vi veglierebbe dal lato attivo in modo altrettanto rigoroso di quanto fa ora da quello passivo. Solo allora, credo, si avrebbe il vero *bon ton*; e ciò tanto più, quanto più poi il discernimento e il buonsenso potrebbero esprimersi liberamente, senza stare a badare se per accidente non urtino contro le opinioni della stupidità, rendendo in tal caso necessario giocarsi la testa in cui abita il buonsenso contro il cranio schiacciato in cui risiede la stupidità. In tal modo la superiorità intellettuale conquisterebbe nella società quel primato che ora viene detenuto dalla superiorità fisica, per quanto in forma nobilitata: questo, secondo me, sarebbero il *bon ton* e la buona società. Per di più il *bon ton* avrebbe da guadagnare se non si dovessero più sopportare in silenzio, come accade ora, cento piccole ma fastidiose sgarberie – che in Inghilterra si incontrano solo fra i ceti inferiori, mentre in Germania sono diffuse anche fra quelli più alti – e che si tollerano perché sono criticabili solo a rischio della vita. Esse molestano il loro ambiente fintanto che non capita qualcuno disposto a giocarsi l'osso del collo per redarguire chi le commette.

Allora a queste cose non verrebbe attribuita maggiore importanza di quella che meritano per loro natura. Queste e molte altre ancora sarebbero le conseguenze del vero *bon ton*, che, come ogni buona cosa, è semplice e naturale.[1]

È senza dubbio in questa forma che il *bon ton* è esistito nella buona società di Atene, Corinto e Roma. Sostenere che il nostro tempo non sarebbe maturo per esso, perché gli resterebbero ancora troppo saldamente attaccate la ruggine e la polvere del Medioevo dal cui grembo è nato, sarebbe un cattivo complimento che preferisco lasciare ad altri. Voglio sperare piuttosto *que la raison finira toujours par avoir raison* [che la ragione finirà sempre per aver ragione] e che malgrado oscillazioni temporanee, e nonostante l'immancabile stuolo di oscurantisti avversi,[2] il

1. (È quasi troppo micrologico).

2. Cfr. *Adversaria*, par. 35 (1828): <Gli *oscurantisti* sono individui che vogliono spegnere le luci per poter rubare. Tutti i secoli hanno visto oscurantisti in tonaca, ma nessuno come il nostro ne può esibire certuni con il mantello da filosofo. {È un parto mostruoso della terra, davvero un segno dei tempi!}. (E poiché la filosofia è la cosa più nobile che l'umanità abbia prodotto, questo smercio che se ne fa mi sembra una profanazione simile a quella di chi si accostasse all'eucaristia per placare la propria fame e la propria sete corporale). Ma, per fortuna, a un modo di pensare così meschino non può essere legato alcuno *spirito*, e il miscuglio di tre quarti di pure sciocchezze e un quarto di trovate corrotte, che costoro spacciano per filosofia, non può più essere ritenuto tale a lungo, nemmeno

nostro secolo nel suo complesso, in questo come in altri punti più importanti, potrà alla fine gloriarsi di essere stato un'epoca della ragione. L'avervi in qualche modo contribuito sarebbe la mia ricompensa[1] per aver

tenendo conto di quanto sia sempre scarsa la capacità di giudizio in questioni del genere. {Va bene e rimane così}. Ma vorrei chiedere al sole: nel tuo corso illumini forse qualcosa di meno dignitoso di un simile filosofo – oscurantista (le due parole non vogliono affatto stare assieme) di professione? Eppure non c'è di che preoccuparsi, e il diciannovesimo secolo non si lascerà strappare quella luce così a lungo e faticosamente preparata. {Meglio così: Infatti, per fortuna, alla filosofia appartiene lo spirito, ed esso non ha nulla in comune con un modo di pensare così meschino. Un miscuglio di tre quarti di sciocchezze insensate e un quarto di trovate corrotte, che costoro spacciano (anzi smerciano a tutti gli effetti) per filosofia, può senza dubbio ingannare per un certo tempo la *niaiserie* di alcuni contemporanei nel più bonario dei Paesi, ma non può prendere seriamente e durevolmente il posto della filosofia. Oppure: Cielo e terra, nascondete forse nei vostri antri e nei vostri anfratti una creatura più abietta di un filosofo servile e ipocrita? Certamente no. [*Aggiunta successiva*:] Meglio come segue: Chiedete al sole se nel suo corso illumini qualcosa di più ignobile di un filosofo – oscurantista e servile!}. Sono da annoverare tra gli oscurantisti tutti i gesuiti e in realtà i preti di ogni risma. Da settant'anni li si incalza senza pietà e il loro potere diminuisce a poco a poco, anche se, come tutti i vinti e come coloro che battono in ritirata, hanno ancora singoli momenti di parziale successo. Ciò che resta delle loro truppe scelte si è concentrato ora in Spagna, si chiama apostolico e si difende disperatamente.> [A. Schopenhauer, *Der handschriftliche Nachlaß*, cit., vol. III, pp. 426-27].

1. [*Le aggiunte qui inserite hanno reso superfluo il seguente passo originariamente conclusivo, che però non è stato can-*

osato affrontare una buona volta, in tutta serietà, quello spauracchio, quell'universale Minotauro che pretende in sacrificio cruento, non da uno bensì da ogni Paese, il tributo annuale di un gran numero di figli di nobili casati. Abbatterlo d'un sol colpo è impossibile, ma nutro la lecita speranza di avergli procurato una ferita che d'ora innanzi lo priverà della salute e un giorno ne causerà la morte. Infatti:

On peut assez longtemps chez notre espèce,
Fermer la porte à la raison.
Mais dès qu'elle entre avec adresse,
Elle reste dans la maison,
Et bientôt elle en est maîtresse.

Voltaire[1]

Solo questa speranza ha potuto spingermi a rompere un silenzio durato undici anni, e a

cellato:] nel qual caso allora si dirà: «*Good morrow, masters; put your torches out: / The wolves have prey'd; and look, the gentle day, / Before the wheels of Phoebus, round about / Dapples the drowsy east with spots of grey. / Thanks to you all, and leave us; fare you well*».
[«Buon mattino, signori; spegnete pure le vostre torce, / i lupi han finito di predare; e, guardate, la mite aurora / già dinanzi alle ruote di Febo / marezza l'assonnato oriente di grigi bagliori. / Grazie a tutti, e lasciateci; arrivederci», W. Shakespeare, *Molto rumore per nulla,* V, 3, vv. 24-28].

1. [«Si può per lungo tempo, nella nostra specie, / sbarrare la porta alla ragione. / Ma non appena entra in casa con destrezza, / più non ne esce, / e presto la fa da padrona», Voltaire, lettera a Saurin del 10 novembre 1770].

pubblicare un παρέργον di genere secondario come questo, o comunque, in un'età contrassegnata da un rapido declino del livello intellettuale, a mettere in moto l'ormai vilipeso torchio per la stampa, anche se solo per pochi fogli. Ma come tenere per sé osservazioni del genere se più volte all'anno si vedono persone altrimenti ragionevoli e capaci commettere in tutta serietà la follia di affrontarsi per servire da bersaglio l'una all'altra, e questo soltanto perché si è dato loro a intendere che l'*onore* lo esigerebbe? (Che cosa mai non si può dare a intendere all'uomo, purché lo si faccia per tempo!). E i buoni re e le buone repubbliche di entrambi gli emisferi terrestri – con i loro decreti sul duello, animati dalle migliori intenzioni ma poco efficaci – meritano senz'altro che un filosofo, il quale comunque ha raramente occasione di rendersi utile, li prenda per una volta sottobraccio e afferri il male là dove esso affonda le sue radici, cioè in quell'opinione in virtù della quale esso sussiste o cade, e che pure sfugge al loro potere.

[1]E affinché, per quanto possibile, non rimanga più scrupolo alcuno, voglio esaminare un'ultima tesi in difesa della necessità del principio d'onore e delle sue conseguenze.

1. Da aggiungere alle riflessioni precedenti.

L'argomento è questo. È insito nella natura dell'uomo, come in quella dell'animale, reagire in modo ostile a ogni manifestazione ostile, così come un cane a cui si ringhia reagisce ringhiando, uno che venga vezzeggiato fa a sua volta moine, eccetera: non c'è luogo al mondo in cui gli insulti e i colpi vengano accettati passivamente. Ma non è certo questo che si pretende. L'insulto chiama un insulto più forte, e il colpo un colpo ancora più forte: questa è la natura; ma sostenere che «a un ceffone spetta il pugnale» è superstizione cavalleresca, e in generale una reazione siffatta è un problema d'ira, non d'onore e di dovere, come lo si è voluto definire. Il popolo la pensa per natura così come si è appena indicato, ed è per questo che il colpo mortale, almeno in Germania, è assai più raro fra il popolo che fra i ceti superiori, il che getta una luce negativa sul loro preteso livello culturale. Infatti, se non fosse prevenuta da un falso principio dell'onore, una cultura dello spirito di rango superiore dovrebbe trattenere l'uomo sia dall'insultare che dal colpire, anche quando venisse provocato, in quanto egli capisce che in tal modo verrebbe a porsi sullo stesso piano del più vile e rozzo degli uomini, abbassandosi a combattere nell'arena della natura meramente animale. A questo livello, infatti, non può essere presa la benché minima decisione circa il giusto e l'ingiusto, il vero e il falso, vale a dire i soli oggetti che possono indurre l'uomo a contendere, ed è evidentemente stolto e rozzo trasformare una contesa di diritto o un conflitto di opinioni in una lotta tra forze fisiche: questa è la più folle μετάβασις εἰς ἄλλο γένος [passaggio ad altro genere]. Egli si abituerebbe subito a reprimere quell'impulso animale che un uomo più rozzo di lui sollecita per spingerlo a scendere al suo stesso livello. Mi sembra pertinente qui una similitudine riportata in qualche luogo dal neoplatonico Proclo (che raramente dice qualcosa di buono):[1] «Come in ogni città accanto all'uomo nobile ed eccellente si trova anche l'ὄχλος, cioè la plebaglia di ogni risma, così in ogni uomo, anche il più nobile e sublime, è presente, secondo la sua indole, quanto di assolutamente basso e volgare c'è nella natura umana, anzi animale; questo ὄχλος, però, non deve prendere il comando, ma dev'essere ridotto all'obbedienza e al silenzio, in modo che a comandare siano ciò che è no-

1. Non mi è mai capitato di incontrare nell'intera letteratura greca chiacchiere altrettanto scialbe, prolisse e annacquate quanto quelle contenute nel commento di Proclo all'*Alcibiade*. Nondimeno Cousin, che ha pubblicato il testo, ritiene Proclo il primo filosofo greco. Helvétius dice che «le degré d'esprit suffisant pour nous plaire est une mesure assez juste de celui que nous avons» [«il grado di spirito sufficiente a suscitare il nostro apprezzamento è una misura abbastanza esatta di quello che noi stessi abbiamo», citazione non letterale da Claude-Adrien Helvétius, *De l'esprit*, nouvelle édition, 2 voll., Durand, Paris, 1758, disc. II, cap. 10, nota, tomo I, p. 116].

bile ed eccellente».[1] Colui che ha instaurato in se stesso una tale aristocrazia, cioè l'uomo colto, giungerà presto al punto in cui non gli passerà più per la mente di ribattere alle esternazioni dell'altrui rozzezza ponendosi sul suo stesso piano; non conoscerà altra contesa che non sia quella delle argomentazioni, mentre nei confronti della violenza fisica – provenga essa dalla natura inanimata, dagli animali o da uomini spinti da un impulso animale –, dove non resti altro da fare, adotterà i provvedimenti ed eserciterà il potere necessari a contenerla e respingerla. Ma questa sarà una faccenda riguardante non il suo onore, bensì il suo quieto vivere.

Insomma, per quanto si riferisce a oltraggi e insulti, siano essi gesti o parole, ritengo che possano senza dubbio irritare e infastidire un uomo ragionevole, ma che non ne tocchino affatto l'*onore*: giacché esso consiste nell'opinione che si ha di lui, la quale non può essere alterata da cose che gli capitino dall'esterno, se non nel caso di individui di estrema imbecillità, la cui opinione non conta nulla.

1. (*Plotini liber de pulchritudine, accedunt Procli disputationes de veritate et pulchritudine*, ed. Creuzer, 1814 [*Plotini liber de pulchritudine. Ad codicum fidem emendavit annotationem perpetuam, interjectis Danielis Wyttenbachii notis epistolamque ad eundem ac praeparationem adjecit Fridericus Creuzer. Accedunt anecdota Graeca: Procli disputatio de unitate et pulchritudine, Nicephori Nathanaelis Antitheticus adversus Plotinum de anima idemque lectiones Platonica*, Heidelberg, 1814]: probabilmente in quest'ultimo).

Un uomo ragionevole può dunque senz'altro dar sfogo alla sua irritazione e al suo fastidio con una reazione adeguata alla cosa, ma ciò va piuttosto tollerato come debolezza umana che da lui preteso come un dovere verso il suo onore. Pertanto, se egli pensa invece abbastanza nobilmente da soprassedervi del tutto, il suo onore, anziché soffrirne, non potrà non trarne addirittura vantaggio.

PICCOLA BIBLIOTECA ADELPHI

ULTIMI VOLUMI PUBBLICATI:

350. Giuseppe Rensi, *La democrazia diretta*
351. Martin Heidegger, *Lettera sull'«umanismo»* (3ª ediz.)
352. Ma gcig, *Canti spirituali*
353. Manlio Sgalambro, *La consolazione*
354. Leonardo Sciascia, *L'onorevole - Recitazione della controversia liparitana dedicata ad A.D. - I mafiosi*
355. Roy Lewis, *Una passeggiata con Mr Gladstone*
356. Fëdor Dostoevskij, *Ricordi dal sottosuolo* (2ª ediz.)
357. Cesare Garboli, *Il gioco segreto*
358. Tommaso Landolfi, *La pietra lunare*
359. Alberto Arbasino, *Parigi o cara* (2ª ediz.)
360. Vladimir Nabokov, *Cose trasparenti*
361. Elémire Zolla, *Le tre vie*
362. Nina Berberova, *La sovrana*
363. Alan Bennett, *La pazzia di Re Giorgio*
364. Léon Bloy, *La Cavaliera della Morte*
365. René Guénon, *Gli stati molteplici dell'essere*
366. Sergio Quinzio, *Diario profetico*
367. Luigi Luca Cavalli-Sforza, *Geni, popoli e lingue* (4ª ediz.)
368. Plutarco, *Le virtù di Sparta*
369. Marcel Jouhandeau, *Tre delitti rituali*
370. Simone Weil, *Lettera a un religioso* (3ª ediz.)
371. Tommaso Landolfi, *Dialogo dei massimi sistemi*
372. Heinrich von Kleist, *Käthchen di Heilbronn*
373. Ennio Flaiano, *La solitudine del satiro* (2ª ediz.)
374. William S. Burroughs, *La Febbre del Ragno Rosso*
375. Immanuel Kant, *Che cosa significa orientarsi nel pensiero*
376. Lev Tolstoj, *La morte di Ivan Il'ič, Tre morti e altri racconti* (2ª ediz.)
377. Leonardo Sciascia, *Pirandello e la Sicilia*
378. Gerald Durrell, *Il picnic e altri guai*
379. Jeremias Gotthelf, *Il ragno nero*
380. Carl Schmitt, *Donoso Cortés*
381. Colette, *Il kepì*
382. Anselm von Feuerbach, *Kaspar Hauser* (2ª ediz.)
383. Guido Ceronetti, *Cara incertezza*
384. William Faulkner, *Una rosa per Emily* (2ª ediz.)
385. Anonimo del XVII secolo, *La famosa attrice*, a cura di C. Garboli

386. Alberto Arbasino, *Lettere da Londra*
387. Tommaso Landolfi, *Il Mar delle Blatte e altre storie*
388. Alfred Döblin, *Traffici con l'aldilà*
389. Anna Maria Ortese, *Corpo celeste*
390. Arthur Schopenhauer, *L'arte di essere felici* (12ª ediz.)
391. Fernando Pessoa, *Pagine esoteriche* (2ª ediz.)
392. Adam Phillips, *Monogamia*
393. Zvi Kolitz, *Yossl Rakover si rivolge a Dio* (3ª ediz.)
394. Giorgio Manganelli, *Le interviste impossibili*
395. C.S. Lewis, *Il cristianesimo così com'è*
396. Ivan Turgenev, *Mumù e altri racconti*
397. Antonio Gnoli-Franco Volpi, *I prossimi Titani*
398. V.S. Naipaul, *Una civiltà ferita: l'India*
399. Alberto Arbasino, *Passeggiando tra i draghi addormentati*
400. Leonardo Sciascia, *La Sicilia, il suo cuore - Favole della dittatura*
401. Lilian Silburn, *La kuṇḍalinī o L'energia del profondo*
402. Gershom Scholem, *Il Nome di Dio e la teoria cabbalistica del linguaggio* (3ª ediz.)
403. *La preziosa ghirlanda degli insegnamenti degli uccelli*
404. Colette, *Julie de Carneilhan*
405. Elémire Zolla, *Che cos'è la tradizione*
406. Martin Heidegger, *Il concetto di tempo* (3ª ediz.)
407. Henri de Latouche, *L'album perduto*
408. Edgardo Franzosini, *Bela Lugosi*
409. Sergio Quinzio, *I Vangeli della domenica* (2ª ediz.)
410. Arthur Schopenhauer, *L'arte di farsi rispettare* (4ª ediz.)
411. Albert Caraco, *Breviario del caos* (2ª ediz.)
412. Ingeborg Bachmann, *Il dicibile e l'indicibile*
413. Aleksandr Puškin, *La dama di picche e altri racconti*
414. René Daumal, *Il lavoro su di sé*
415. Vladimir Nabokov, *L'occhio*
416. Tommaso Landolfi, *Tre racconti*
417. V.S. Pritchett, *Amore cieco*
418. Alberto Savinio, *Infanzia di Nivasio Dolcemare*
419. Alberto Arbasino, *Paesaggi italiani con zombi*
420. *Carissimo Simenon · Mon cher Fellini*. Carteggio di Federico Fellini e Georges Simenon
421. Leonardo Sciascia, *Cronachette*
422. Mehmet Gayuk, *Il Gineceo*
423. Luciano Canfora, *Il mistero Tucidide*

Stampato nel gennaio 1999
dalla Techno Media Reference s.r.l. - Milano

B 76123861
L'ARTE DI FARSI
RISPETTARE 4°ED.
NARRATIVA
ARTHUR
SCHOPENHAUER
ADELPHI
EDIZIONI
S 0002021

Piccola Biblioteca Adelphi
Periodico mensile: N. 410/1998
Registr. Trib. di Milano N. 180 per l'anno 1973
Direttore responsabile: Roberto Calasso